RESUMEN DE URGENCIAS

EMILIO JOSE DIAZ MENDOZA. MD. MgE. PhD(c)
(Medico urgencias)

El presente libro tiene como objetivo proveer a los médicos de urgencias e internos esquemas rápidos para el abordaje del paciente, teniendo en cuenta que son solo guías para la elaboración de historias clínicas más completas y abordaje del paciente en forma más efectiva.

En una primera instancia se presenta formatos rápidos para realizar historias clínicas completas pretendiendo el abordaje de las diferentes etapas de la vida.

Tabla de contenido

<h1 style="text-align:center">HISTORIA CLINICA DE URGENCIAS MUJER.</h1>

Se presenta a continuación el esquema de la historia clínica de una mujer:

IDENTIFICION:
Nombre y apellidos:
Identificación
Historia Clínica No.:
Fecha Nacimiento.
País:
Ciudad:
Edad:
Ocupación:
Estado civil:
Dirección:
Entidad asegudara:
Religión:
Escolaridad:

MOTIVO DE CONSULTA:
ENFERMEDAD ACTUAL:

ANTECEDENTES PERSONALES:
- Patológicos:(No refiere)
- Alérgicos (no refiere)
- Quirúrgicos:(niega)
- Traumáticos:(no refiere)
- Fx(no relata)
- Toxicológicos: (niegan tabaquismo activo o pasivo, niega intoxicaciones, niega ingesta de alcohol u otras sustancias) - hospitalizaciones: (ninguna)
Ginecológicos
-- FUM.
- Gestas: Partos: ,Cesáreas: ,Aborto: Vivos: G.P.C.A.V.
-- A. Familiares: HTA (niega), EPOC (niega), DM (niega), Cáncer (niega), Otros (niega)

REVISIÓN POR SISTEMAS:
Aparato Respiratorio: (Niega: Disnea, Tos, Expectoración, Hemoptisis)
Aparato Circulatorio: (Niega: Dolor Torácico, Palpitaciones, Síncope, Claudicación Intermitente.)
Aparato Digestivo: (Niega: Dolor Abdominal, Vómitos, Reflujo, Pirosis, Diarrea)
Aparato Genitourinario: (Niega Dolor, Hematuria, Uretrorragia, Nicturia, Disuria, Polaquiuria, Retención Urinaria, Incontinencia Urinaria)
Sistema Hemolinfopoyético: (Niega: Adenopatías, Púrpuras, Hemorragias).
Sistema Nervioso: (Niega: Cefalea, Convulsiones, Visión Borrosa)
General: (Niega: Astenia, Anorexia, Fiebre, Pérdida De Peso)

EXAMEN FÍSICO:

ESTADO DE CONCIENCIA: Consciente. Orientado en tres esferas,
Paciente se moviliza de modo propio, estable. Tranquila. colaboradora.

NEUROLOGICO:

Sin déficit sensitivo ni motor aparente, sin focalizaciones, sin signos meníngeos,
pupilas isocóricas normo reactivas a la luz, sin rigidez de nuca, fuerza muscular
5/5 en 4 extremidades, reflejos osteotendinosos: normales, no hay alteraciones en
la marcha, no hay nistagmos, no hay parálisis de pares craneales. -

OJOS:
Conjuntivas normo crómicas, no hay tinte ictérico en las escleras.
Fondo de ojo normal.

OIDOS:
Tímpano normo configurado. Canal auditivo normal.

NARIZ:
Mucosa nasal normo configurada.

BOCA:
Faringe normo configurada no presenta escurrimiento posterior.

CUELLO:

Móvil, sin ingurgitación yugular, sin dolor, sin masas, sin soplos carotideos. No
rigidez de nuca. Signo de Brudzinski: negativo, signo de Kernig: negativo.

TÓRAX:

Ruidos cardíacos rítmicos sin soplos. Simétrico, expansible, murmullo vesicular
presente en ambos campos, sin agregados, no hay uso de músculos accesorios, no
retracciones subcostales. No tiraje, no carnaje.

AMBDOMEN:

Inspección: normo configurado. Auscultación: peristaltismo presente. No se
auscultan soplos. Palpación: blando, represible, sin dolor, sin masas, sin
visceromegalias, sin irritación peritoneal. McBurney negativo. Blumberg negativo.

VASCULAR PERIFÉRICO:

Llenado capilar menor de 2 segundos, pulsos periféricos: ++/++

Pedio (D ++/++, I ++/++);
Tibial Posterior (D ++/++, I ++/++);

Poplítea (D ++/++, I ++/++);
Femoral. (D ++/++, I ++/++);
Carótida (D ++/++, I ++/++);
Axilar (D ++/++, I ++/++);
Braquial (D ++/++, I ++/++);
Radial (D ++/++, I ++/++);
Cubital (D ++/++, I ++/++);

PIEL Y FANERAS:
No brotes, no equimosis

EXTREMIDADES.
Extremidades eutróficas, sin lesiones sin edemas.

GENITO URINARIO:
No evaluado.

ANALISIS:

PLAN:

ALICIA:

A: Aparición del dolor, lo mas usual es dividirlo en agudo, subagudo y cronico

L: Localización: que parte es la que duele, si es el brazo, cabeza, abdomen, y puedes especificar más el area, articulacion glenohumeral, region occipital del craneo, hipocondrio derecho.

I, Irradiación, si el dolor de estar en un sitio, se "mueve a otro" por ejemplo en el infarto, el dolor inicia en el pecho pero puede despues sentirse en la mandibula o el brazo izquierdos

C, Caracteristicas, hay varios tipos de dolor, estos si tienes que estudiarlos como son, si es dolor quemante, punzante, te paso un link de los tipos de dolor

I, Intensidad, lo mas usado es la Escala Visual Analoga del dolor (EVA), donde le pides al paciente que te diga del 1 al 10 cuanto le duele, siendo 10 el dolor mas fuerte que haya sentido y 1 el mas leve

A, Alivio, si se alivia en ciertos casos, por ejemplo algunos dolores se alivian si uno toma cierta posición, o si ha tomado algun analgesico y le ha logrado quitar el dolor, esto ayuda a ver si el dolor es por alguna causa grave que no se alivia con analgesicos

DOLOR   DE INICIO
- LOCALIZADO EN
- IRRADIADO
- REFIERE QUE EL DOLOR ES TIPO
- DE INTENSIDAD
- SE ALIVIA CON

HISTORIA CLINICA DE URGENCIAS HOMBRE

Se presenta a continuación el esquema de la historia clínica de una mujer:

IDENTIFICION:
Nombre y apellidos:
Identificación
Historia Clínica No.:
Fecha Nacimiento.
País:
Ciudad:
Edad:
Ocupación:
Estado civil:
Dirección:
Entidad asegudara:
Religión:
Escolaridad:

MOTIVO DE CONSULTA:
ENFERMEDAD ACTUAL:
ANTECEDENTES PERSONALES:
- Patológicos:( )
- Alérgicos (no refiere)
- Quirúrgicos:(niega)
- Traumáticos:(no refiere)
- Fx(no relata)
- Toxicológicos: (niegan tabaquismo activo o pasivo, niega intoxicaciones, niega ingesta de alcohol u otras sustancias) - hospitalizaciones: (ninguna)

-- A. Familiares: HTA (niega), EPOC (niega), DM (niega), Cáncer(niega), Otros(niega)

REVISIÓN POR SISTEMAS:
Aparato Respiratorio: (Niega: Disnea, Tos, Expectoración, Hemoptisis)
Aparato Circulatorio: (Niega: Dolor Torácico, Palpitaciones, Síncope, Claudicación Intermitente.)
Aparato Digestivo: (Niega: Dolor Abdominal, Vómitos, Reflujo, Pirosis, Diarrea)
Aparato Genitourinario: (Niega Dolor, Hematuria, Uretrorragia, Nicturia, Disuria, Polaquiuria, Retención Urinaria, Incontinencia Urinaria)
Sistema Hemolinfopoyético: (Niega: Adenopatías, Púrpuras, Hemorragias).
Sistema Nervioso: (Niega: Cefalea, Convulsiones, Visión Borrosa)
General: (Niega: Astenia, Anorexia, Fiebre, Pérdida De Peso)

EXAMEN FÍSICO:

ESTADO DE CONCIENCIA: Consciente. Orientado en tres esferas, Paciente se moviliza de modo propio, estable. Tranquilo. Colaborador.

NEUROLOGICO:
Sin déficit sensitivo ni motor aparente, sin focalizaciones, sin signos meníngeos, pupilas isocóricas normo reactivas a la luz, sin rigidez de nuca, fuerza muscular 5/5 en 4 extremidades, reflejos osteotendinosos: normales, no hay alteraciones en la marcha, no hay nistagmos, no hay parálisis de pares craneales. -

OJOS:
Conjuntivas normo crómicas, no hay tinte ictérico en las escaleras.
Fondo de ojo normal.

OIDOS:

Tímpano normo configurado. Canal auditivo normal.

NARIZ:
Mucosa nasal normo configurada.

BOCA:

Faringe normo configurada no presenta escurrimiento posterior.

CUELLO:

Móvil, sin ingurgitación yugular, sin dolor, sin masas, sin soplos carotideos. no rigidez de nuca.
Signo de Brudzinski: negativo,
Signo de Kernig: negativo.

TÓRAX:
Ruidos cardíacos rítmicos sin soplos. Simétrico, expansible, murmullo vesicular presente en ambos campos, sin agregados, no hay uso de músculos accesorios, no retracciones subcostales. No tiraje, no carnaje.

AMBDOMEN:
Inspección: normo configurado. Auscultación: peristaltismo presente. No se auscultan soplos. Palpación: blando, depresible, sin dolor, sin masas, sin visceromegalias, sin irritación peritoneal. McBurney negativo. Blumberg negativo.

VASCULAR PERIFÉRICO:
Llenado capilar menor de 2 segundos, pulsos periféricos: ++/++

Pedio (D ++/++, I ++/++);
Tibial Posterior (D ++/++, I ++/++);
Poplítea (D ++/++, I ++/++);
Femoral. (D ++/++, I ++/++);
Carótida (D ++/++, I ++/++);
Axilar (D ++/++, I ++/++);

Braquial (D ++/++, I ++/++);
Radial (D ++/++, I ++/++);
Cubital (D ++/++, I ++/++);

PIEL Y FANERAS:
No brotes, no equimosis

EXTREMIDADES.
Extremidades eutróficas, sin lesiones sin edemas.

GENITO URINARIO:
No evaluado.

ANALISIS:

PLAN:

ACCIDENTE DE TRANSITO

IDENTIFICION:
Nombre y apellidos:
Identificación
Historia Clínica No.:
Fecha Nacimiento.
País:
Ciudad:
Edad:
Ocupación:
Estado civil:
Dirección:
Teléfono:
Entidad asegudara:
Religión:
Escolaridad:

Datos del vehículo:

- Vehículo:
- Modelo:
- Placa:
- Particular:
- Servicio Público:
- Nombre Aseguradora:
- Vigencia:
- Numero De La Póliza:
- Dueño del vehículo.
- Nombre del dueño:
- Identificación del Dueño
- Dirección del dueño del vehículo:

Datos del conductor
Nombre:
Identificación
Teléfono:
Dirección:

Hora Del Accidente: ();
Fecha Del Accidente ()
Direccion Del Accidente: ();
Intervino Autoridad: ( )

Refiere Accidente De Transito En Calidad De:

Que Paso,
Como Paso
Cuando Paso

Que Lesiones Ocasiono
Que Lesiones Ocasionó)

. Los demás datos son como una historia clínica normal.

HISTORIA CLINICA URGENCIAS PEDIATRIA

Responsable del paciente: teléfono del responsable:

MOTIVO DE CONSULTA Y ENFEREMEDAD ACTUAL. :

Alergias: NO conocidas. Medicamentos: tratamiento con paracetamol. No mejoría.

ANTECEDENTES:
No patológicos: (no);
Perinatales: (parto vértice espontáneo a las   semanas)
Alimentación: lactancia materna x   meses ahora alimentación normal.
Crecimiento y desarrollo: con buena evolución.
Inmunizaciones: PAI Completo. Psicosociales: vive con ambos padres.
Patológicos: no bronquiolitis. No otras patologías.
INFECCIOSOS: no refiere.
ALERGICOS: (Alimentarios: no refiere, Farmacológicos: no refiere;
 Respiratorios: no refiere; Gastrointestinales: NO refiere; Dermatológicos:
No refiere).
HOSPITALIACIONES: No refiere. QUIRURGICOS: No refiere.
TRANSFUCIONALES: No refiere; ZOCONTACTOS: Niega.

-- FAMILIARES: no refiere. ..

REVISION POR SISTEMAS:

Respiratorios: Comentados.
- Cardiovasculares (No dolor, no taquicardia no cianosis, no equimosis).
- Gastrointestinales: (noemesis ocasional. niega dolor abdominal, diarrea);
- Neurológicos: (No disartria, no convulsiones, no pérdida de fuerza en extremidades);
- Osteoarticular: (no dolor, no dificultad para la movilizacion de extremidades.).
- Otorrinolaringologia: (,)
- Piel: (No brotes, no equimosis, no petequias).

-EXAMEN FISICO:
EXAMEN FÍSICO:

ESTADO DE CONCIENCIA: Consciente. Orientado en tres esferas, Paciente se moviliza de modo propio, estable. Tranquilo. Colaborador.

NEUROLOGICO:

Sin déficit sensitivo ni motor aparente, sin focalizaciones, sin signos meníngeos, pupilas isocóricas normo reactivas a la luz, sin rigidez de nuca, fuerza muscular 5/5 en 4 extremidades, reflejos osteotendinosos: normales, no hay alteraciones en la marcha, no hay nistagmos, no hay parálisis de pares craneales. -

OJOS:

Conjuntivas normocrómicas, no hay tinte ictérico en las escleras.
Fondo de ojo normal.

OIDOS:

Tímpano normo configurado. Canal auditivo normal.

NARIZ:
Mucosa nasal normo configurada.

BOCA:

Faringe normo configurada no presenta escurrimiento posterior.

CUELLO:

Móvil, sin ingurgitación yugular, sin dolor, sin masas, sin soplos carotideos. No rigidez de nuca. Signo de Brudzinski: negativo, signo de Kernig: negativo.

TÓRAX:

Ruidos cardíacos rítmicos sin soplos. Simétrico, expansible, murmullo vesicular presente en ambos campos, sin agregados, no hay uso de músculos accesorios, no retracciones subcostales. No tiraje, no carnaje.

AMBDOMEN:

Inspección: normo configurado. Auscultación: peristaltismo presente. no se auscultan soplos. Palpación: blando, depresible, sin dolor, sin masas, sin visceromegalias, sin irritación peritoneal. McBurney negativo. Blumberg negativo.

VASCULAR PERIFÉRICO:

Llenado capilar menor de 2 segundos,

IMPRESION INICIAL:

ESTABLE: No afectación neurológica. No Compromiso Respiratorio, No compromiso Cardiovascular.

POTENCIALMENTE INESTABLE:

INESTABLE:

ANALISIS:

IMPRESIÓN DIAGNOSTICA:

- DX. DIFERENCIALES.

HISTORIA CLINICA MAS COMPLETA

Se presenta a continuación el esquema de la historia clínica de una mujer:

IDENTIFICION:
Nombre y apellidos:
Identificación
Historia Clínica No.:
Fecha Nacimiento.
País:
Ciudad:
Edad:
Ocupación:
Estado civil:
Dirección:
Entidad asegudara:
Religión:
Escolaridad:

MOTIVO DE CONSULTA:
ENFERMEDAD ACTUAL:
ANTECEDENTES PERSONALES:
- Patológicos:( )
- Alérgicos (no refiere)
- Quirúrgicos:(niega)
- Traumáticos:(no refiere)
- Fx(no relata)
- Toxicológicos: (niegan tabaquismo activo o pasivo, niega intoxicaciones, niega ingesta de alcohol u otras sustancias) - hospitalizaciones: (ninguna)

-- A. Familiares: HTA (niega), EPOC (niega), DM (niega), Cáncer(niega), Otros(niega)

Revisión por sistemas:
* *Síntomas generales*: fiebre, cambios en el peso, malestar general, apetito, tránsito intestinal, sudoración nocturna, insomnio, angustia.
* *Sistema respiratorio*: disnea, tos, expectoración, hemoptisis, puntada de costado, obstrucción bronquial.
* *Sistema cardiovascular*: disnea de esfuerzo, ortopnea, disnea paroxística nocturna, edema de extremidades inferiores, dolor precordial.
* *Sistema gastrointestinal o digestivo*: apetito, náuseas, vómitos, disfagia, pirosis, diarrea, constipación, melena.
* *Sistema genitourinario*: disuria dolorosa o de esfuerzo, poliaquiuria, poliuria, nicturia, alteración del chorro urinario, hematuria, dolor en fosas lumbares. -*Sistema endocrino*: baja de peso, intolerancia al frío o al calor, temblor fino, polidefecación, ronquera, somnolencia, sequedad de la piel.
* *Sistema neurológico*: cefalea, mareos, problemas de coordinación, paresias, parestesias.

completaremos el interrogatorio con la anamnesis por aparatos señalando los datos "positivos" y "negativos" que pudieran estar implicados en el padecimiento del enfermo:
1.- Respiratorio (tos, presencia de expectoración y sus características, hemoptisis, disnea, etc).

2.- Cardiovascular (dolor torácico, edemas, desvanecimientos, palpitaciones, etc).
3.- Digestivo (náuseas, vómitos, hábito intestinal, melenas, etc).
4.- General-constitucional (cambios de
peso, astenia, anorexia, fiebre, trastornos del sueño, etc).
5.- Endocrino-metabólico (poliuria,
polifagia, polidipsia, etc).
6.- Genitourinario (disuria, hematuria, tenesmo, etc).
7.- Locomotor.
8.- Neurológico (cefalea, convulsiones, parestesias).
9.- Piel y faneras.
10.- Hematológico (anemia,
hematomas, etc).
11.- Ginecológico (FUR, características de la menstruación, abortos,)
menopausia, metrorragias, etc).

EXAMEN FISICO:
Exploración física
Los signos físicos son los datos objetivos de la enfermedad. Es necesario que la exploración
física se realice de forma rigurosa y sistemática "desde la cabeza a los pies",
porque si no se pueden pasar por alto aspectos importantes.
6.1. Signos vitales-situación hemodinámica: (obligatoria en toda historia).

PA: presión arterial (mmHg).
PA: Media: PAM= ¨((PAD + PAD) + PAS) /3 NORMAL MAYOR DE 60
(PAM: Presión arterial media
PAS: Presión arterial sistólica
PAD: Presión arterial diastólica
PP es la presión de pulso(PAS-PAD))

FC: frecuencia cardiaca (lpm).
FR: frecuencia respiratoria (rpm).
Tª: Temperatura (ºC). Además, y según el paciente, se recogerá: Sat O2:
Saturación de oxígeno
(%). Gluc: glucemia (mg/dl).

Aspecto general:
Actitud y sensorio (¿consciente?, ¿orientado?, ¿atento?, ¿colaborador?). Situación de su nutrición,
hidratación, perfusión. Tipo constitucional (asténico, atlético,...). Situación, impresión, datos objetivos (p. ej: nervioso; "impresiona de gravedad" o "buen estado general").

6.3. Piel y faneras: Color, humedad, pigmentación, lesiones dermatológicas, uñas, vello, cabello,...

Cabeza y cuello:
Puntos dolorosos, tumefacciones, adenopatías cervicales, occipitales, existencia de bocio. Movilidad
cervical. Latidos y soplos carotídeos, presión venosa yugular, arterias temporales. Exploración
boca y faringe. Exploración de ojos y pupilas. Fondo de ojo, otoscopia.
Tórax:
Forma, simetría, lesiones cutáneas. Mamas: aspecto piel, asimetrías, lesiones pezón, secreciones,
nódulos, etc Adenopatías: axilares y supraclaviculares. Columna vertebral: deformidades,
puntos dolorosos, hematomas, contracturas musculares, etc.
AC (auscultación cardiaca): rítmico o arrítmico, frecuencia, tonos, soplos (Tabla 1.2), roce, etc.

AP (auscultación pulmonar): ¿murmullo vesicular conservado?, ruidos sobreañadidos
(crepitantes, roncus, sibilancias inspiratorias y/o espiratorias) percusión, vibraciones, etc.

Abdomen:
Inspección: forma, cicatrices, distensión, hematomas, estrías, circulación colateral.
Auscultación: características ruidos abdominales (ausentes, normales, aumentados, metálicos, soplos).
Percusión: timpanismo, matidez.
Palpación: superficial y profunda. Comenzar a palpar por cuadrantes dejando la zona dolorosa para el final de la exploración. Blando/duro, depresible, masas, hepatoesplenomegalia, defensa, signos de irritación peritoneal, Blumberg (sensibilidad de rebote positiva), Rovsing, Murphy (positivo en colecistitis aguda), hernias, ascitis, adenopatías, puñopercusión renal, columna-sacroilíacas. Pulsos femorales.

. Ano-rectal:
Inspección (fisuras, fístulas, hemorroides, etc). Tacto: esfínter hipertónico, ampolla rectal con o sin heces, fecaloma, masas, próstata, características de las heces en dedo guante (heces color normal, melenas, rectorragia, etc).

Genitales externos y exploración ginecológica en la mujer.

Extremidades:
Edemas con/sin fóvea, insuficiencia venosa, úlceras, pulsos, movilidad y asimetrías, signos de trombosis venosa.

Neurológica ():
1. Valoración del nivel de conciencia y estado mental:
Nivel de conciencia: alerta, confusión, obnubilación, estupor, coma.

Para evaluarlo se realizarán estímulos verbales, táctiles y dolorosos y se analizarán las respuestas
del paciente viend-o si se produce apertura de los ojos y valorando el lenguaje y los movimientos.
FFCC (Funciones corticales):
1. Orientación temporal, personal y espacial.
2. Valoración de la atención y memoria: repetición de dígitos, vigilancia. Memoria inmediata: recordar 3 palabras a los 3 minutos. Memoria próxima: ¿qué ha comido?, ¿cuándo ingresó?
Memoria remota: hechos históricos, información personal.
3. Capacidad constructiva y perceptiva: praxias (acciones): de la marcha, del vestir, ideatoria; gnosias (reconocimientos): visual, táctil, auditiva, del esquema corporal, de su propia enfermedad.
Valorar apraxias y agnosias.
4. Alteraciones del lenguaje: afasias y disartria.
2. PPCC (Pares craneales):
• I.- Olfatorio: cada ventana por separado.
• II.- Óptico: agudeza visual, campimetría, FONDO de OJO.
• III, IV, VI.- Nervios oculomotores. Pupilas: simetría, tamaño, forma, reactividad. Motilidad ocular extrínseca: párpados, mirada conjugada, paresias, reflejos óculo-cefálicos, nistagmus.
• V.- Trigémino: sensibilidad de la cara (división superior, media e inferior). Reflejo corneal.
• VII.- Facial: movilidad de la cara. Hay que discriminar entre los centrales (el déficit respeta
la porción superior contralateral) y los déficits periféricos (debilidad facial global).
• VIII.- Estatoacústico: explora la porción coclear-audición y vestibular-equilibrio. Maniobras
óculo-cefálicas, índices de Barany, marcha en estrella, pruebas calóricas.
• IX, X.- Glosofaríngeo y vago.- (se exploran juntos): reflejo nauseoso. Sensibilidad y motilidad velopalatina.
• XI.- Espinal: exploración del esternocleidomastoideo y del trapecio (volver la cabeza y elevar el hombro contra resistencia).
• XII.- Hipogloso: motilidad de la lengua. (Se desvía al lado lesionado).
3. Masa muscular, tono, fuerza y movimientos anormales:
Tono: existencia de hipo e hipertonías, grado y tipo (espástico, paratónico, "en rueda dentada").
Fuerza: balance por grupos de músculos según su acción.
4. Sensibilidad:
Buscar asimetrías o ausencias.
1.- Táctil. 2.- Dolorosa. 3.- Profunda, propioceptiva (pequeños desplazamientos articulares que el paciente no puede ver y debe localizar) y vibratoria. 4.- Térmica.
5. Reflejos:
Reflejos miotáticos o también llamados osteotendinosos profundos (ROT).
Valorar ausencias o asimetrías. Explorar el maseterino, bicipital, tricipital, rotuliano, aquileo (Tabla 1.4).

APARATO CARDIOVASCULAR

Pulsos
DERECHO:
Pulso carotideo (++).
Pulso Braquial   (++).
Pulso Radial   (++).
Pulso Femoral   (++).
Pulso Poplíteo   (++).
Pulso Tibial Posterior   (++).
Pulso Pedio(++).

IZQUIERDO:
Pulso carotídeo (++).
Pulso Braquial   (++).
Pulso Radial   (++).
Pulso Femoral   (++).
Pulso Poplíteo   (++).
Pulso Tibial Posterior   (++).
Pulso Pedio(++).

Ingurgitación yugular:
Característica de miocarditis constrictiva.
INSUFICIENCIA TRICUSPIDEA,
PERICARDITIS CON DERRAME O PERICARDITIS CONSTRISTIVA.
INSUFICIENCIA CARDIACA DERECHA.

FUERZA MUSCULAR

0. No hay ninguna actividad muscular.
1. Se observa actividad pero no se consigue movimiento.
2. Movimiento horizontal. No se vence a la gravedad.
3. Se vence a la gravedad pero no a la resistencia.
4. Se vence a la resistencia.
5. Normal.

Reflejos cutáneos superficiales.

El más útil, el reflejo cutáneo plantar (RCP) que se desencadena al rozar el borde
externo de la planta del pie desde el talón hasta los dedos. Si hay una respuesta
extensora (Babinski) indica afectación de la vía piramidal.
6. Coordinación y cerebelo:
Maniobras "dedo-nariz", "talón-rodilla", valorar dismetrías y movimientos
alternos (adiadococinesia).
7. Marcha y estática: Normal, de puntillas, de talones, en tándem.
Romberg (permanecer con los ojos cerrados y los pies juntos) para explorar vías
vetíbulo-cerebelosas.
8. Existencia de rigidez de nuca y signos meníngeos:
Rigidez de nuca: resistencia a la flexión pasiva del cuello.

Signo de Brudzinski: tras la flexión del cuello se produce una flexión involuntaria de las piernas.
Signo de Kernig: resistencia dolorosa a la extensión de la pierna con el muslo previamente flexionado.
Los signos físicos están sujetos a cambios, por lo que es necesario repetir la exploración física tantas veces como la situación clínica del paciente lo precise.
7. Estudios complementarios
La batería de pruebas que podremos solicitar dependerá del hospital donde trabajemos. Debemos
conocer las limitaciones, el coste, riesgos, contraindicaciones de cada prueba y las molestias que le pueden ocasionar al enfermo. Las pruebas complementarias se deben solicitar una vez realizada la anamnesis y la exploración del paciente y no antes, y de forma individualizada, debiendo de huir de las analíticas en serie y "los completos" que solicitamos en ocasiones y no teniendo una confianza exagerada en sus resultados.
Como siempre, es bueno recoger los datos de una forma ordenada:
1. Pruebas de laboratorio: hemograma, VSG, coagulación, bioquímica, gasometría, sistemático de orina, etc.
2. ECG.
3. Radiología: placa de tórax y abdomen, ecografía, TAC, arteriografía, RMN, etc.
4. Datos de microbiología y procedimientos realizados en Urgencias: Gram, Ziehl, cultivos, punción lumbar, paracentesis, toracocentesis, etc.
5. Otras: endoscopia oral, ecocardiograma, etc.
8. Comentarios y evolución en Urgencias
Durante la estancia del paciente en el Servicio de Urgencias o en el Área de Observación se dejarán reflejados todos los cambios que se produzcan en su sintomatología, exploración, y evolución en general. Así como nuevas pruebas complementarias, interconsultas con especialistas, tratamientos efectuados y sus consecuencias.
9. Juicio diagnóstico o lista de diagnósticos Siempre "legibles", sin iniciales o siglas que lleven a confusiones. Debemos "hacer el esfuerzo" de escribir palabras y frases completas. Diagnóstico diferencial si procede.

10. Plan y tratamiento a seguir Ingreso (en plata, UVI) o alta: derivación (consultas, otro hospital, domicilio).

Ordenes de tratamiento y normas.

ENTREGAS DE TURNO FORMATO SAER

1.   Metodología SAER*

S: situación
A: antecedentes
E: evaluación
R: recomendaciones

*SBAR en inglés. (Situation / Background / Assessment / Recommendation)

- Es un método originalmente utilizado en las industrias militares y de aviación.
- **Tiene como propósito la seguridad del paciente y la comunicación efectiva entre el equipo de salud.**
- Se basa en CONTAR el problema CON DATOS OBJETIVOS, permitiendo aclarar qué información debe ser comunicada entre los miembros del equipo y cómo.
- Consta de preguntas rápidas estandarizadas dentro de 4 secciones, para asegurar que el personal este compartiendo información concisa y enfocada.
- Permite al personal comunicarse asertiva y eficazmente, reduciendo la necesidad de repetición.
- Ayuda al personal a anticipar la información que necesitan los colegas y fomenta habilidades de evaluación.

Cada una de las etapas a continuación debe contener SOLO datos del paciente.

S: SITUACIÓN

- Nombre del paciente
- Diagnóstico

A: ANTECEDENTES: DESDE QUE EL USUARIO FUE ADMITIDO

- Decir por qué razón el paciente fue admitido
- Tiempo en el servicio
- Procedimientos realizados
- Medicamentos actuales
- Alergias
- Resultados de laboratorio pertinentes

Ejemplo:
La Sra. Fernandez es una mujer de 69 años de edad que ingresó hace 4 horas, con NAC
CURB 2. La radiografía de tórax no fue concluyente, pero la clínica la deja con un PORT de 12. Ya se le inició antibiótico y tiene pendiente ser aceptada porque ya fue
Comentada.

E: EVALUACIÓN

- Signos vitales
- Mi impresión es que (la del médico que presenta)
- La clínica parece sugerir que
- El paciente parece inestable
- No estoy seguro qué es …pero está deteriorándose

Es necesario pensar en forma crítica al informar su evaluación de la situación. Esto significa
que se ha considerado lo que podría ser la razón subyacente de la condición del paciente. No sólo se ha revisado su evolución sino que también se ha consolidado la
información con otros indicadores objetivos, como los resultados de laboratorio.

Si no se tiene una evaluación, se puede decir: *"Creo que el paciente puede haber tenido una
embolia pulmonar '." "No estoy seguro de cuál es el problema, pero me preocupa..."*

Ejemplo:
La Sra. Fernandez es una mujer de 69 años de edad que ingresó hace 4 horas, con NAC
CURB 2. La radiografía de tórax no fue concluyente, pero la clínica la deja con un PORT de 12. Ya se le inició antibiótico y tiene pendiente ser aceptada porque ya fue
Comentada. Siendo CURB 2 no está para hospitalización domiciliaria, por eso la comenté a
la red ya que se desatura fácilmente. Las pruebas renales no están alteradas.

R: RECOMENDACIONES

- Yo sugiero
- Ten cuidado con
- Hay que solicitar
- Dudas en caso de cambios (se le puede dar … en caso de no mejorar...)

Esta última etapa es para describir cuál es su recomendación, es decir, qué le debería
pasar a continuación al paciente.

Ejemplo:

La Sra. Fernandez es una mujer de 69 años de edad que ingresó hace 4 horas, con NAC
CURB 2. La radiografía de tórax no fue concluyente, pero la clínica la deja con un PORT de 12. Ya se le inició antibiótico y tiene pendiente ser aceptada porque ya fue
Comentada. Siendo CURB 2 no está para hospitalización domiciliaria, por eso la comenté a
la red ya que se desatura fácilmente. Las pruebas renales no están alteradas.
De observación esta es tu paciente más delicada, te recomiendo no la descuides porque
puede terminar en reanimación.

Ejemplo para diligenciar en cada turno:

SOAP PEDIATRIA

La evolución del paciente hospitalizado tiene como objetivo la caracterización rápida del paciente de forma que se evolucióne su estado actual.
Consta de: Subjetivo, Objetivo, Analisis y Plan. Su sigla es SOAP:

DIAGNÓSTICO:
SUBJETIVO: lo que refiere el paciente, como ha pasado, como se siente
OBJETIVO: Lo encontrado por el examinador:
Estado de conciencia: Paciente moviliza 4 extremidades, estable. Tranquilo. Colaborador, rosado, reactivo.

NEUROLOGICO:

Sin déficit sensitivo ni motor aparente, sin focalizaciones, sin signos meníngeos, pupilas isocóricas normo reactivas a la luz, sin rigidez de nuca,

Fuerza muscular 5/5 en 4 extremidades, reflejos osteotendinosos: normales, no hay alteraciones en la marcha, no hay nistagmos, no hay parálisis de pares craneales. -
-

OJOS:

Conjuntivas normocrómicas, no hay tinte ictérico en las escleras.

OIDOS:

Tímpano normo configurado. Canal auditivo normal.

NARIZ:

Mucosa nasal normo configurada. No se aprecian cuerpos extraños en fosas nasales.

BOCA:

Faringe normo configurada no presenta escurrimiento posterior.

CUELLO:

Móvil, sin ingurgitación yugular, sin dolor, sin masas, sin soplos carotídeos. no rigidez de nuca.
Signo de brudzinski: Negativo,
Signo de kernig: Megativo.

TÓRAX:

Ruidos cardíacos rítmicos sin soplos. Simétrico, expansible, murmullo vesicular presente en ambos campos, sin agregados, no hay uso de músculos accesorios, no restricciones subcostales. No tiraje, no cornaje..

AMBDOMEN:

Inspección: normo configurado. Auscultación: peristaltismo presente. no se auscultan soplos.
Palpación: Blando, depresible, sin dolor, sin masas, sin visceromegalias, sin irritación peritoneal, McBurney negativo. Blumberg negativo.

EXTREMIDADES: Eutróficas, sin lesiones sin edemas.

VASCULAR PERIFÉRICO:

Llenado capilar menor de 2 segundos.

PIEL Y FANERAS:
No brotes, no equimosis.

LABORATORIOS CLINICOS:

ANALISIS:

PLAN:

MEDICAMENTOS PARA REANIMACIÓN ADULTO

MEDICAMENTO	PRESENTACION	*DOSIS ADULTO*
PARO		PARO
ADRENALINA	amp.1 mg/mL.	1. MG CADA 3 A 5 M REANIMACION
VASOPRESINA	Amp. 20 UI/mL.	40 MG RANIMACIO. EN VEZ DE 1 O SEGUNDA DOSIS ADRENALINA
AMIODARONA	Amp. 150 mg/3 mL	300 MG CARGA Y CONTINUAR 150 MG IV.
LIDOCAINA	al 2% sin epinefrina al 10% sin epinefrina	1 A 1.5 MG KG. IV. 0.5 A 0.75 MG KG CADA 5 A 10 MINUTOS MAXIMO 3 MG KG.
MAGNESIO	Sulfato de magnesio 20%: amp. 2 g/10 mL	1 A 2 GRAMOS IV.
POST PARO		POST PARO
ADRENALINA	amp.1 mg/mL.	0.1 A 0.5 MCG KG. MINUTO 7 - 35 MCG . MINUTO
DOPAMINA	amp. 200 mg/5 mL.	5 – 10 MCG. /KG / MINUTO.
NORADRENALINA		0.1 – 0.5 MCG MINUTO
BRADICARDIA	BRADICARDIA	BRADICARDIA
DOPAMINA	amp. 200 mg/5 mL.	2 A 10 MG KG, MINUTO
ATROPINA	Amp. 1 mg/mL.	0.5 MG. CADA 3 A 5 MINUTOS, MAXIMO 3 MG.
TAQUICARDIA	TAQUICARDIA	TAQUICARDIA
PROCAINAMIDA	fco. 1 g/2 mL.	20-50 MG . MINUTO. MAXIMO 17 MG. KG.
		TAQUICARDIA COMPLEJOS ANCHOS
ADENOSINA	amp. 6 mg/1 mL.	6MG PRIMERA DOSIS, SEGUNDA DOSIS DE 12 MG.
AMIODARONA	Amp. 150 mg/3 mL	150 MG EN 10 MINUTOS MANTEMINIMIENTO: 1 MG. MINUTO. X 6 HORAS.
SOTALOL	comp. 160 mg	100MG (1.5 MG/KG) IV. X 5

		MINUTOS. QT PROLONGADO
RR VARIABLE	RR VARIABLE	RR VARIABLE
ESTABLE:		
PROPANOLOL		X TRES DIAS
DIGITAL		
AMIODARONA	Amp. 150 mg/3 mL	150 MG 10 MINUTOS
INESTABLE DESCARGA JOULS	200 JOULS	
Bicarbonato de sodio	Ampollas 10 mEq/10 mL.	

Manejo de desfibrilador	
Patología	Descarga
TV/FV	120-200 J. BIFASICO. 300 J . MONOFASICO.
CARDIOVERSION sincronizada	
Estrecho regular:	50-100 j.
Estrecho irregular	120-200 j. b ifasica o 200 J monofásica.
Ancho regular	100 J.
	Ancho irregular no se sincroniza.

REANIMACION PEDIATRIA.

MEDICAMENTO	PRESENTACION	DOSIS PEDIATRICA
PARO		
ADRENALINA	amp.1 mg/mL.	MG /KG /MINUTO. CADA 3 A 5 MINUTOS. ENDOTRAQUEAL 0.1 MG KG. 0.1 ML. KG.
VASOPRESINA	Amp. 20 UI/mL.	
AMIODARONA	Amp. 150 mg/3 mL	5 MG KG, DUREANTE EL PARAO CARDIOCAO. PUEDE REPETIRSE HASTA 2 VECES. FV7TV SIN PULSO. REFRACTARIA.

LIDOCAINA	al 2% sin epinefrina al 10% sin epinefrina	
MAGNESIO	Sulfato de magnesio 20%: amp. 2 g/10 mL	
POST PARO		
ADRENALINA	amp.1 mg/mL.	
DOPAMINA	amp. 200 mg/5 mL.	
NORADRENALINA		
BRADICARDIA	BRADICARDIA	BRADICARDIA
DOPAMINA	amp. 200 mg/5 mL.	
ATROPINA	Amp. 1 mg/mL.	
TAQUICARDIA	TAQUICARDIA	TAQUICARDIA CON PULSO
PROCAINAMIDA	fco. 1 g/2 mL.	15 MG DURANTE 30-60 MINUTOS.
ADENOSINA	amp. 6 mg/1 mL.	0.1 MG /KG. PRIMERA DOSIS – MAXIMO DE 6 MG. SEGUNDA DOSIS 0.2 MG KG. MAXIMO 12 MG.
AMIODARONA	Amp. 150 mg/3 mL	5 MG KG. DURANTE 20 A 60 MINUTOS. NO SE ADMINISTRA AMIODARONA Y PROCAINAMIDA A LA VEZ.
SOTALOL	comp. 160 mg	
RR VARIABLE	RR VARIABLE	RR VARIABLE
ESTABLE:		
PROPANOLOL		
DIGITAL		
AMIODARONA	Amp. 150 mg/3 mL	
INESTABLE DESCARGA JOULS	200 JOULS	CARDIOVERSION 0.5 A 1 J KG. Y SE PUEDE AUMENTAR HASTA 2 JULS KG.
Bicarbonato de sodio	Ampollas 10 mEq/10 mL.	

LIQIDOS EN PEDIATRIA

LIQUIDOS EN PEDIATRIA

LIQUIDOS EN PEDIATRIA
CC KG HORA 4   SI PESA MENOS DE 10 KG.
              2   10-20 KG.
              1   MAS DE 20 KG.

EJEMPLO:
12 KG: 40 + 4 = 44
15 KG. 40 + 10 = 50
13 KG.. 40 + 6 = 46
20 KG 40 + 20   60
25 KG. 40+ 20 + 5 = 65
18 KG 40 + 16 = 56
13 KG 40 + 6   = 46

SECUENCIA RAPIDA DE INTUBACION ADULTO

MEDICAMENTO	DOSIS	PRESENTACION	CONCENTRACION 1 CC	DOSIS ADULTO 70 KG
PRE-INDUCTORES				
FENTANIL	2-3 Microgramos /kg	500 MCG EN 10 CC	50 MCG EN 1 CC	140 mcg, puedo colocar 3 cc de la ampolla (1 a 2 minutos)
Lidocaina	1.5 mg /kg en 2 a 3 minutos.	1% y 2% sin epinefrina	(1 gramo 100 cc); 1000 mg 100 cc. 10 mg 1 cc.	105 mg . aplicar 10 cc iv. 3 minutos.
Esmolol	2 mg / kg. 2 a 3 minutos.	amp. 100 y 2.500 mg.		140 mg.
INDUCTORES				
Etiomidato	0.3 mg/kg			
Propofol	0.5-2 mg /kg			
Tiopental	1.5-3 mg kg.			
ketamina	2 mg kg.		10 mg/mL	140 mg. (14 cc)
BLOQUEADORES NEURO MUSCULARES				
SUCCINIL COLINA	1.5 mg /kg	frasco de 10 mL que trae 100 mg/mL.	100 mg/mL.	105 mg. Colocar 1 cc.
ROCURONIO	1 mg kg.	frasco de 10 mL que trae 100 mg/mL.	100 mg ml.	

FENTANIL 500 MCG EN 10 CC.
50 MGC 1 CC.
COLOCO 100 MCG. 2 CC.

--- MIDAZOLAM VIENE DE 5 EN 5 Y DE 15 EN 3.
SE COLOCA   5 MG IV. CON GOTEO DE 0.1 MG KG.
MANTENIMIENTO.

--- SUCCINIL COLINA 100 MG 1 CC
APLICAR 1 CC.

SI TORAX LEÑOSO: FLUMACENIL

REVERTIR CEDACIÓN: COLOCAR NALOXONA.

ACLS SECUENCIA DE TRATAMIENTO EN PARO CARDIACO

Algoritmo circular de PCR del adulto - actualización 2015

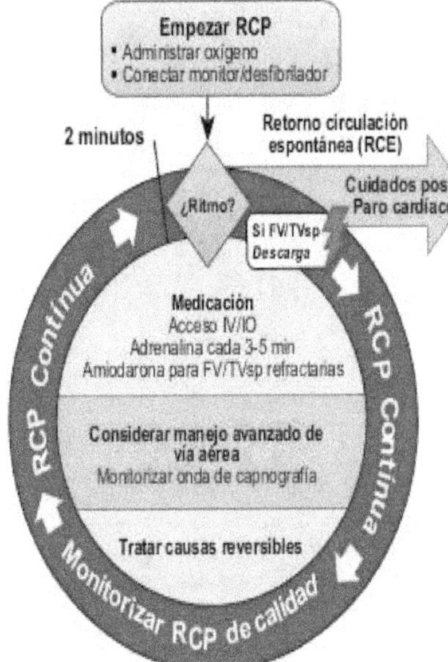

RCP de calidad

- Presionar fuerte (al menos 5 cm) y rápido (100-120/min) y permitir una descompresión torácica completa.
- Minimizar las pausas en las compresiones torácicas.
- Evitar una ventilación excesiva.
- Cambiar el reanimador que comprime cada 2 minutos o antes si fatiga.
- Si no hay dispositivo avanzado para la vía aérea (intubación), relación de compresiones/ventilaciones de 30:2.
- Onda de capnografía:
  - Si EtCO$_2$ <10 mmHg, mejorar la calidad de la RCP
- Presión intra-arterial (invasiva):
  - Si la presión diastólica es <20 mmHg, mejorar la calidad de la RCP

Energía para desfibrilación

- **Bifásico:** Recomendaciones del fabricante (p.ej. dosis inicial de 120-200 J); si se desconoce, usar la máxima disponible. La segunda y siguientes dosis deben ser equivalentes y se podría considerar dosis mayores.
- **Monofásico:** 360 J

Medicación

- **Adrenalina IV/IO:** 1 mg cada 3-5 minutos
- **Amiodarona IV/IO:** Primera dosis: bolo de 300 mg. Segunda dosis: 150 mg.

Manejo avanzado de la vía aérea

- Intubación endotraqueal o dispositivo supraglótico.
- Onda de capnografía o capnometría para confirmar la correcta colocación del tubo endotraqueal.
- Con dispositivo avanzado para vía aérea ventilar una vez cada 6 s (10 veces/min) con compresiones continuas.

Recuperación circulación espontánea (RCE)

- Pulso y tensión arterial
- Aumento brusco del EtCO$_2$ (normalmente ≥40 mm Hg)
- Ondas de presión intra-arterial espontáneas.

Causas reversibles

Hipovolemia	Neumotórax a Tensión
Hipoxia	Taponamiento cardíaco
Hidrogeniones (acidosis)	Tóxicos
Hipo-/hiperpotasemia	Trombosis pulmonar
Hipotermia	Trombosis coronaria

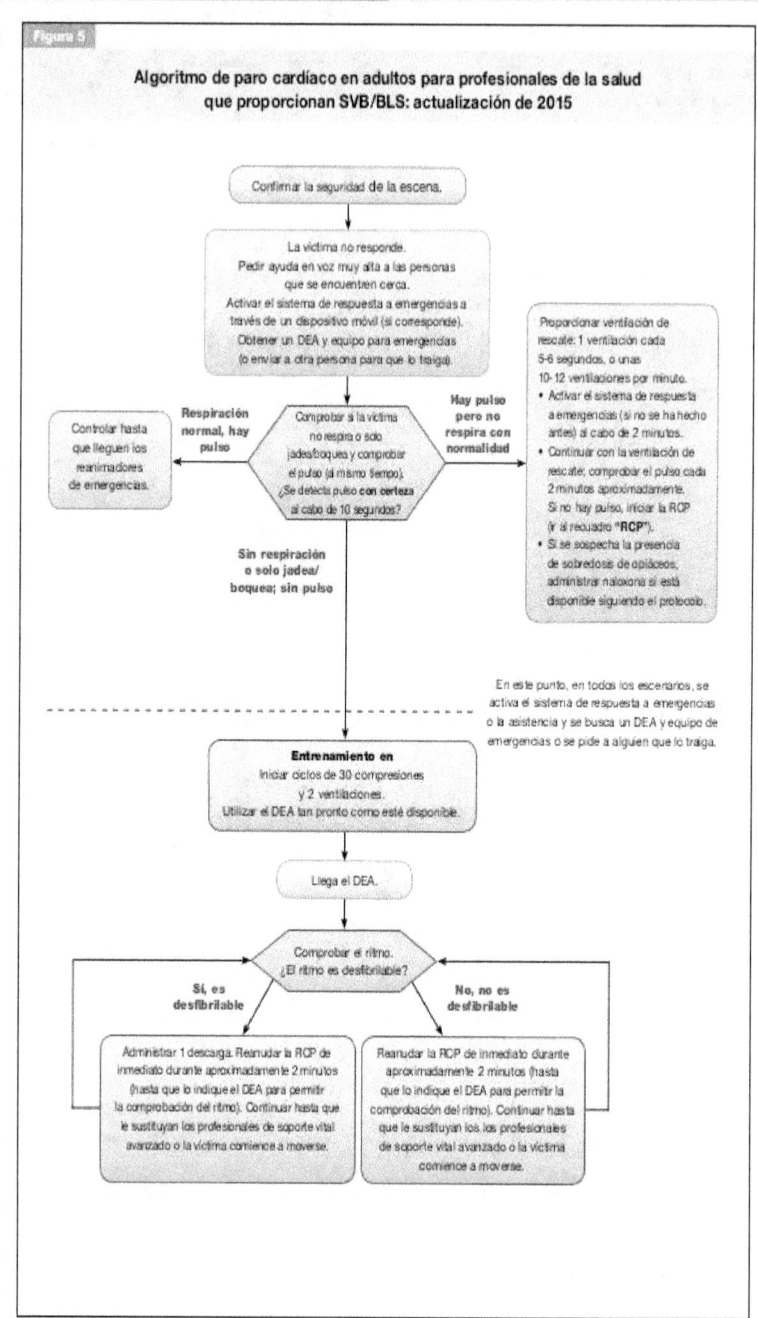

Figura 5

Algoritmo de paro cardíaco en adultos para profesionales de la salud
que proporcionan SVB/BLS: actualización de 2015

Confirmar la seguridad de la escena.

La víctima no responde.
Pedir ayuda en voz muy alta a las personas
que se encuentren cerca.
Activar el sistema de respuesta a emergencias a
través de un dispositivo móvil (si corresponde).
Obtener un DEA y equipo para emergencias
(o enviar a otra persona para que lo traiga).

Respiración
normal, hay
pulso

Controlar hasta
que lleguen los
reanimadores
de emergencias.

Comprobar si la víctima
no respira o solo
jadea/boquea y comprobar
el pulso (al mismo tiempo).
¿Se detecta pulso con certeza
al cabo de 10 segundos?

Hay pulso
pero no
respira con
normalidad

Proporcionar ventilación de
rescate: 1 ventilación cada
5-6 segundos, o unas
10-12 ventilaciones por minuto.
• Activar el sistema de respuesta
a emergencias (si no se ha hecho
antes) al cabo de 2 minutos.
• Continuar con la ventilación de
rescate; comprobar el pulso cada
2 minutos aproximadamente.
Si no hay pulso, iniciar la RCP
(ir al recuadro "RCP").
• Si se sospecha la presencia
de sobredosis de opiáceos,
administrar naloxona si está
disponible siguiendo el protocolo.

Sin respiración
o solo jadea/
boquea; sin pulso

En este punto, en todos los escenarios, se
activa el sistema de respuesta a emergencias
o la asistencia y se busca un DEA y equipo de
emergencias o se pide a alguien que lo traiga.

Entrenamiento en
Iniciar ciclos de 30 compresiones
y 2 ventilaciones.
Utilizar el DEA tan pronto como esté disponible.

Llega el DEA.

Comprobar el ritmo.
¿El ritmo es desfibrilable?

Sí, es
desfibrilable

No, no es
desfibrilable

Administrar 1 descarga. Reanudar la RCP de
inmediato durante aproximadamente 2 minutos
(hasta que lo indique el DEA para permitir
la comprobación del ritmo). Continuar hasta que
le sustituyan los profesionales de soporte vital
avanzado o la víctima comience a moverse.

Reanudar la RCP de inmediato durante
aproximadamente 2 minutos (hasta
que lo indique el DEA para permitir la
comprobación del ritmo). Continuar hasta
que le sustituyan los los profesionales
de soporte vital avanzado o la víctima
comience a moverse.

TAQUICARDIA VENTRICULAR. FIBRILACION VENTRICULAR

Algoritmo de PCR en el adulto—Actualización 2015

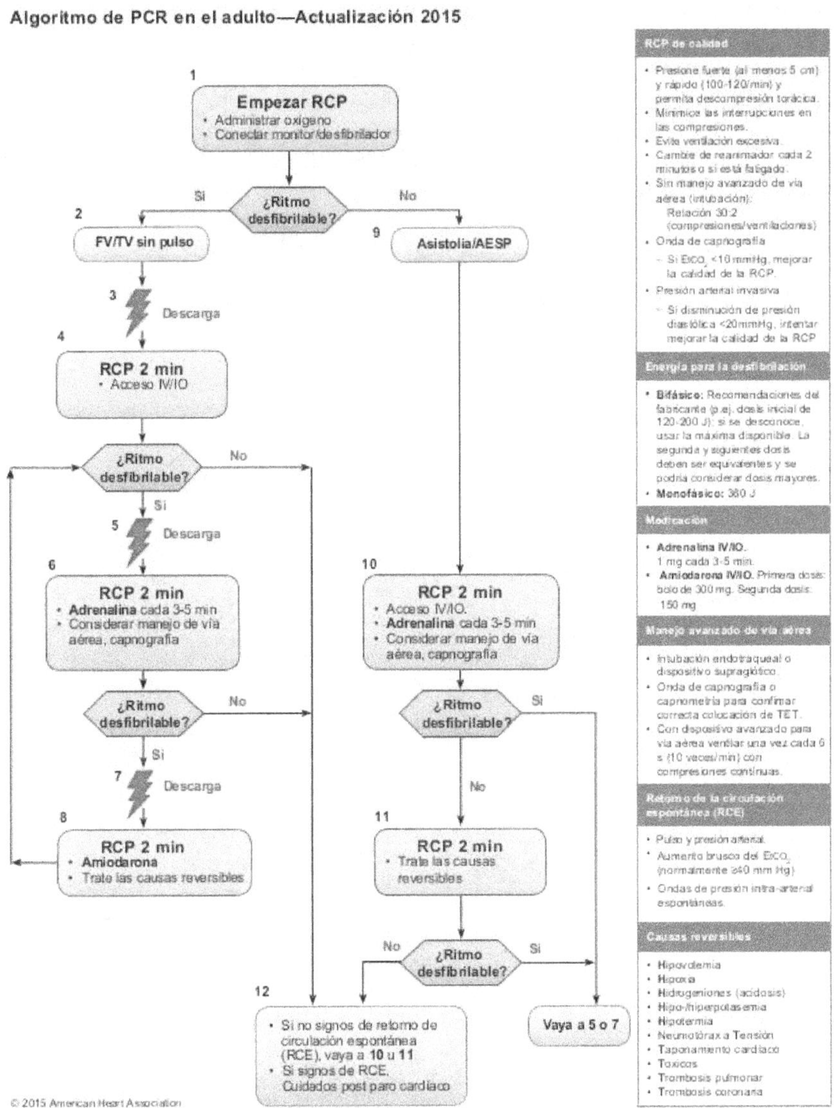

Se comprueba el ritmo y si se encuentra TV o FV, se realiza una descarga 200 j cpm cardiodesfibrilador bifásico y 300 J monofasico: Luego RCP de calidad por 2 minutos (5 ciclos aproximadamente).
Medicamentos:
Adrenalina. (presentación: amp.1 mg/mL.), se repite 1 mg iv cada 3 a 5 minutos.

Amiodarona: (presentación: amp.150 mg/ 3 mL.); dosis 300 mg iv/io, después se puede administrar una dosis adicional de 150 mg .

Lidocaina: (1% y 2% sin epinefrina; (1 gramo 100 cc); 1000 mg 100 cc. 10 mg 1 cc.) Primera dosis de 1 a 1. 5 mg /kg. y luego se continua con dosis de 0.5 a 0.75 mg/kg. Aintervalos de 5 a 10 minutos. Con dosis máxima de 3 mg/kg. Se coloca lidocaína solo si no se dispone de amiodarona.

Sulfato de magnesio: (Sulfato de magnesio 20%: amp. 2 g/10 mL) Para torsade pointes. O en pacientes que se sospecha hipomagnesemia. Dosis de carga de 1 a 2 gr. Iv/io, diluido en dextrosa al 5%. Se puede administrar en bolos durante 5 a 20 minutos.

Oxigeno:

Medir la capnografia y esta debe estar más de 40 mmHg. (PETCO2).

Algoritmo Cuidados en postparo cardíaco en el adulto - Actualización 2015

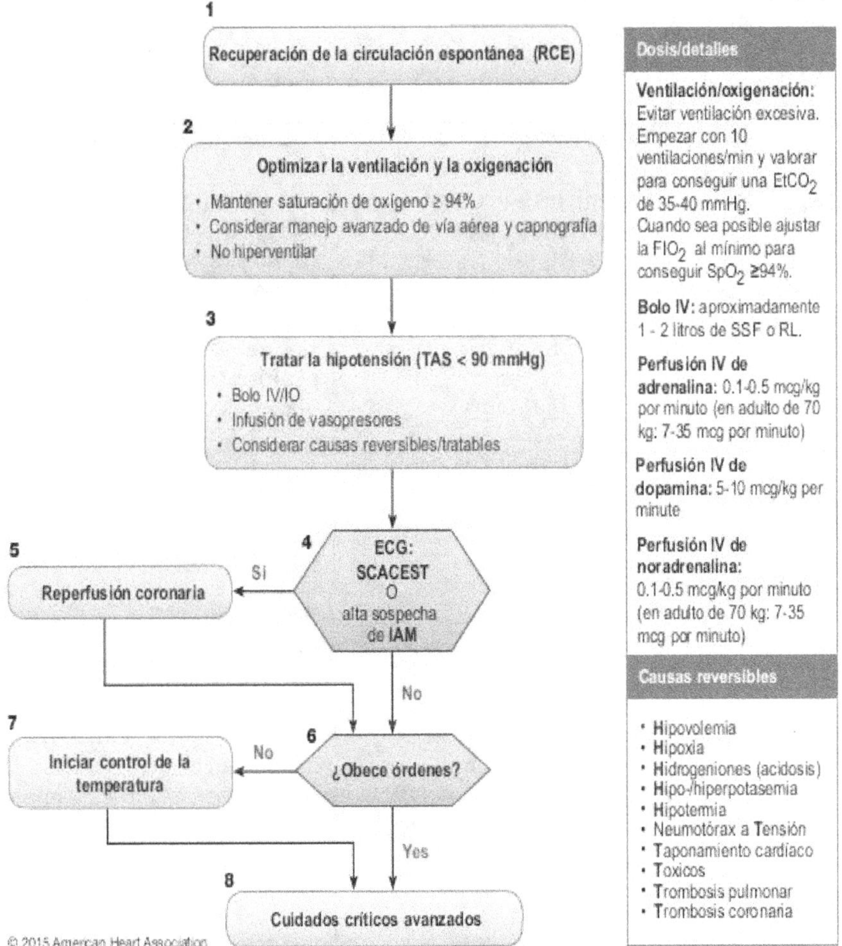

1|. VENTILAR 10 A 12 ventilaciones por minuto.

2. Lograr que la PETCO2 de 35 – 10 mm Hg. O Azco2 de 40-45

3. TRATAR LA HIPOTENCION:

ADRENALINA amp.1 mg/mL.   0.1   A 0.5 MCG KG. MINUTO . 7 - 35 MCG . MINUTO. (se diluye 2 ampolla de adrenalina en 100 cc y se pasa a 100 cc hora – da 35 mcg minuto, para adulto de 70 kg.)

DOPAMINA   amp. 200 mg/5 mL.   5 – 10 MCG. /KG / MINUTO. (diluyo 1 ampolla en 100 cc   y paso 21 cc hora, esto me da 10 mcg kg mintuo en adulto de 70 kg.).

NORADRENALINA   0.1 – 0.5 MCG MINUTO, igual que la adrenalina.

4.   Paso de 1000 a 2000 cc de lactato de ringer.

5.   Corrijo hipoglicemia.

6.   Hipotermia terapéutica de 32 – 34 grados centígrados. S logra pasando liquido isotónico que no contenga glucosa a 32 ml/ kg peso.

TABLA DE LAS 5 H Y LAS 5 T

Estado	Indicios ekg	Examen físico	Intervencio nes eficaces
Hipovolemia	Complejos estrechos Frecuencia rápida	Antecedentes, venas de cuello planas	Infusión de volumen
Hipoxia	Frecuencia lenta	Cianosis. Gases en sangre, problemas de vía aérea	Oxigenació n. Dispositivo avanzado para la vía aérea
Hidrogenión - acidosis	QRS Amplitud disminuida	Ap. Diabetes acidosis preexistente, que responde al bicarbonato. Insuficiencia renal	Ventilación. Bicarbonato .
Hiperpotase mia	Ekg . Ondas t altas y picudas, La ondas p aplanan. Ensanchamiento de QRS. AESP de onda sinusoidal.	Antecedentes de insuficiencia renal, diabetes, diálisis, fistula de diálisis, medicamento s	Hiperpotase mia, cloruro de calcio. Bicarbonato de sodio. Glucosa más insulina Posiblement e salbutamol.
Hipopotasemi a	Ekg Ondas t planas Ondas U prominentes Ensanchamiento QRS AESP de ondas sinusoidal	Perdida de potasio. Uso de diuréticos	Añadir magnesio en caso de par cardiaco.
Hipotermia	Onda J de Osborne	Exposición al frio. Temperatura corporal central.	Consulte algorimo

Neumotórax a tensión	Complejo estrecho Frecuencia cardiaca lenta hipoxia	Distensión vena del cuello, desviación de traquea, ruidos respiratorios desiguales. Dificultad para ventilar al paciente.	Descompresión por aguja. Tubo de toracostomia.
Taponamiento cardiaco	Complejo estrecho Frecuencia rápida	Distensión de venas, no detención de pulso con rcp.	Pericardiosentesis.
Toxinas: Triciclicos, digoxina, betabloqueantes, calcio-antagonistas	Predomina prolongación del QT.	Bradicardia, pupilas exploración neuroloca. Ubicar el toxindrome	Intubación, antídotos, agente especifico según el toxindrome.
Trombosis, pulmones. Embolia pulmonar masiva.	Complejo estrecho. Frecuencia rápida	Antecedentes sin detención de pulmso con RCP. Venas del ceuello distendidas, prueba postiva para trmovis venosa profunda o embolia pulmonar.	Embolectomía quirúrgica. Fibrinoliticos.
Tromobosis: corazón: im. Agudo masivo.	Ekg 12 derivadas. Ondas Q. cambio segmento ST. Iversion de ondas T.	Antecedentes marcadores. Buen pulso con RCP.	

BRADICARDIA ADULTOS

Algoritmo bradicardia adulto

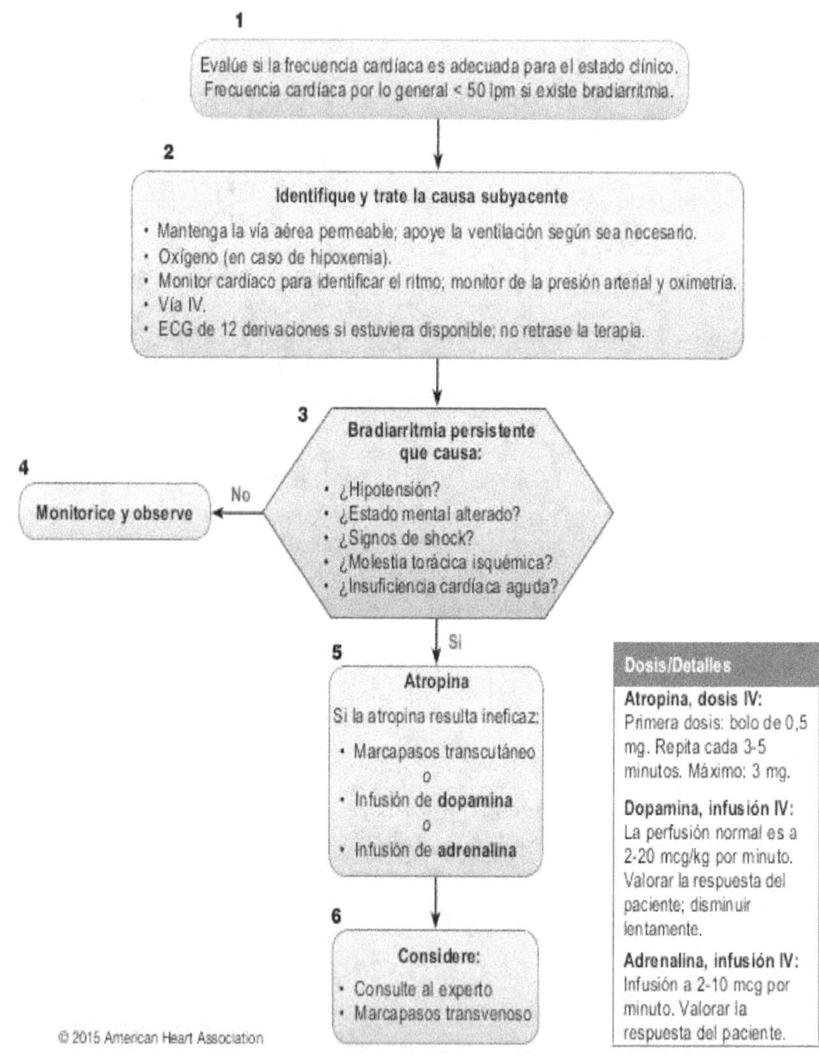

Manejo:

1.   Colocar **atropina** 0.5 mg. Iv hasta dosis de 3 mg. (viene ampollas de 1 mg 1 ml)

1   **ADRENALINA** amp.1 mg/mL.   2   A   10   MCG   MINUTO .
140 - 700 MCG . MINUTO. (se diluye 10 ampolla de adrenalina en 100 cc y se
pasa a 100 cc hora – da 35 mcg minuto, para adulto de 70 kg.) 1 AMPOLLA
1000 MCG   10 AMPOLLAS 10000 MCG ---   EN 100 CC .. da 100 mcg. 1
Cc.
Dejaría entonces: 10 ampollas en 100 cc para pasar a 7 cc hora.
2.   **DOPAMINA**   amp. 200 mg/5 mL.   2 –2 0 MCG. / MINUTO.
(diluyo 1 ampolla en 100 cc   me da 1 mcg cc. Paso de 2 a 10 cc minuto – 120 cc
hora a 1200 cc hora).
3.   **NORADRENALINA**   0.1 – 0.5 MCG MINUTO, igual que
la adrenalina.

TAQUICARIDA ADULTOS

Algoritmo de taquicardia con pulso en el adulto

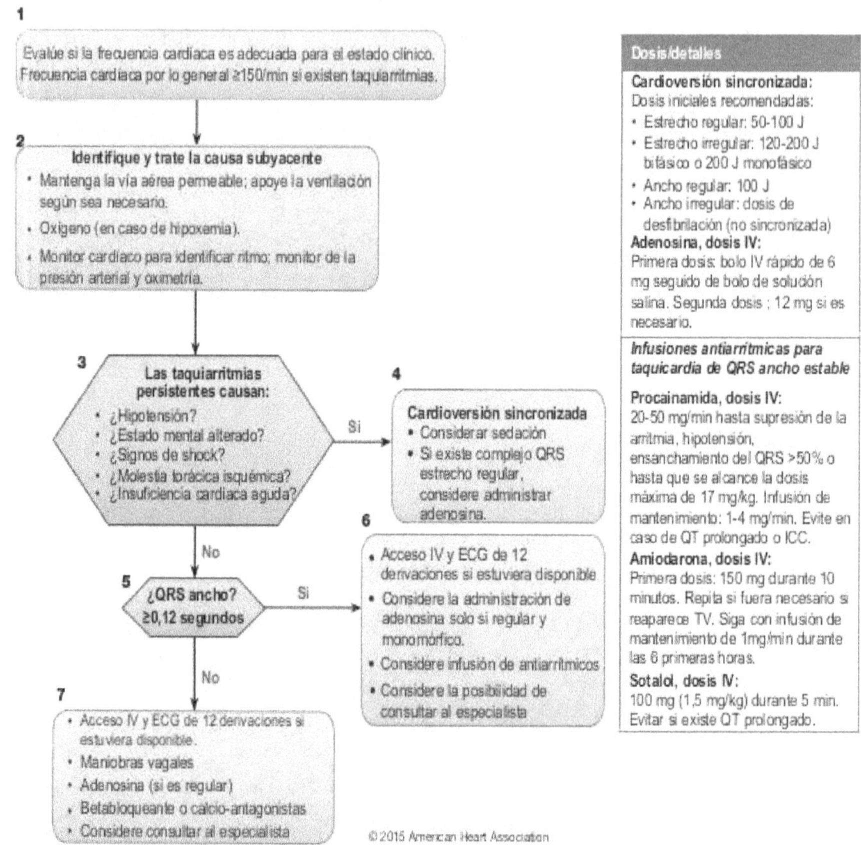

ADENOSINA:

Cardioversion sincronizada:

Estrecho regular : de 50 – 100 J. - Estrecho irregular de 12 – 200 J. bifásico o 200 J monofásico -

Ancho regular de 100 J. Ancho irrgegular igual que dosis de e desfibrilación.

Adenosina ampolla amp. 6 mg/1 mL.: coloco 1 ampolla y luego puedo colocar 2 ampollas si no hay contraindicación. Hipersensibilidad, bloqueo auriculoventricular de 2º o 3 er grado, síndrome del seno enfermo (en ambos, excepto en pacientes con marcapasos), síndrome del QT largo, hipotensión grave, enf. pulmonar obstructiva crónica con presencia de broncoespasmo (asma bronquial), angina inestable no estabilizada, insuf. cardiaca descompensada, uso concomitante de dipiridamol.Estenosis de arteria coronaria izda., hipovolemia no

corregida, estenosis valvular, shunt izda.-dcha., pericarditis o derrame pericárdico, disfunción autonómica o estenosis de arteria coronaria con insuf. cerebrovascular, IAM, insuf. cardiaca grave, defectos menores en la conducción (bloqueo auriculoventricular de 1 er grado, bloqueo de rama), fibrilación o flutter auricular, intervalo QT prolongado (congénito o adquirido). Precipita o agrava el broncoespasmo. Vigilar con historia de convulsiones/ataques. Puede desencadenar convulsiones.
Si QRS ancho estable. Dejar con:
Amiodarona 150 mg iv. Para pasar en 10 minutos.
Continuar con infusión de 1 mg iv minuto para las primeras 6 horas. Se pasa 1 ampolla en 100 cc solución salina para pasar a 40 cc hora. Da 1 mg minuto.

SINDROME CORONARIO

Algoritmo del Síndrome Coronario Agudo - Actualización 2015

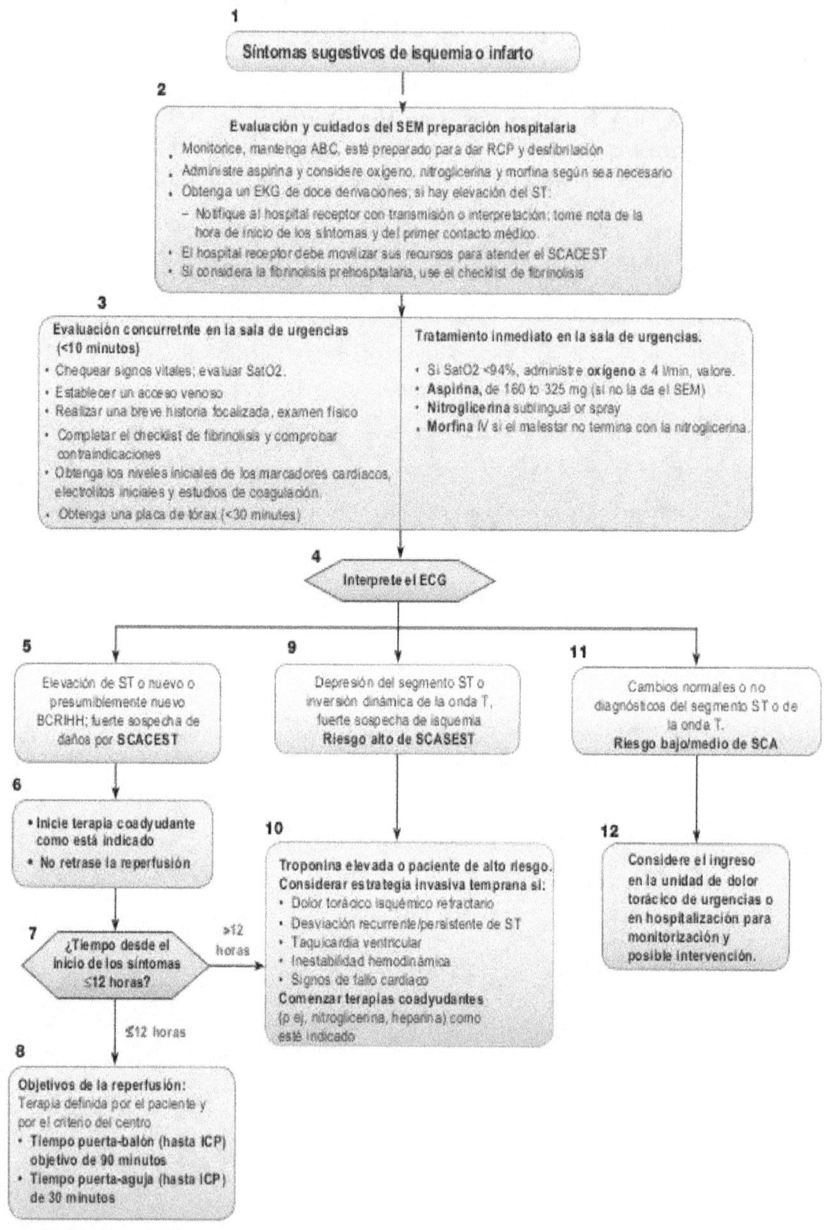

LECTURA DE EKG

PROTOCOLO UDT DOLOR TORACICO

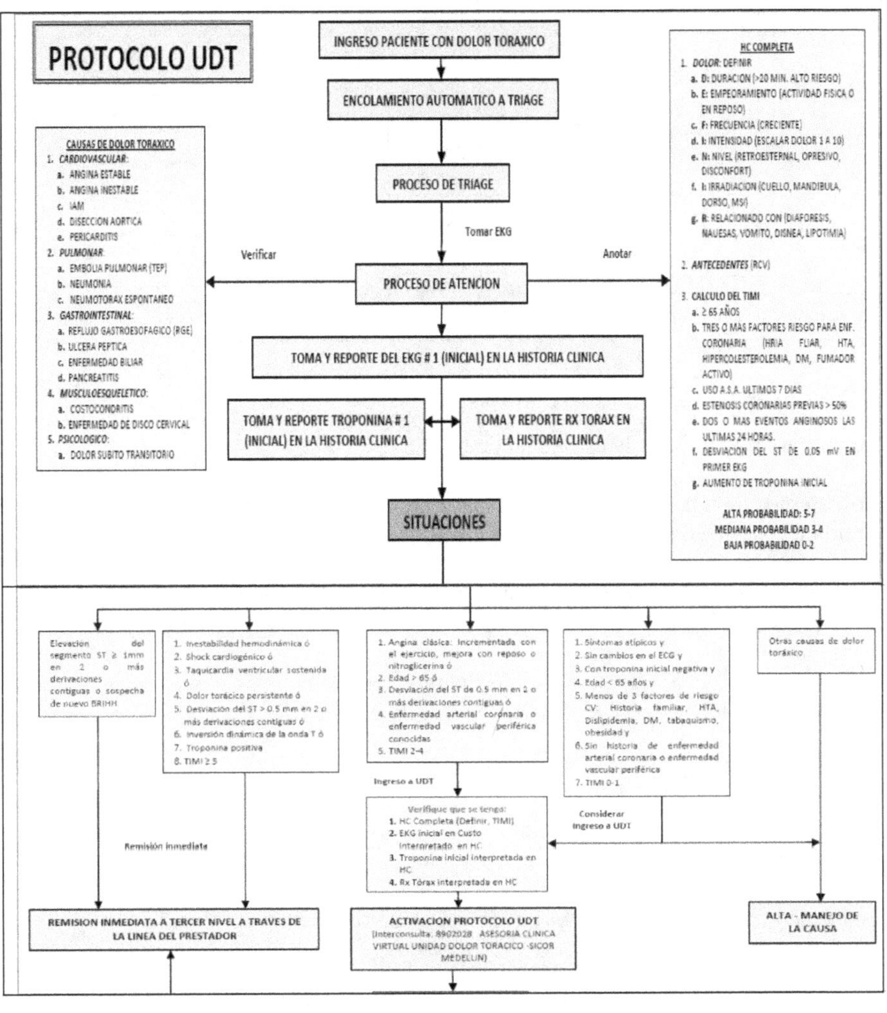

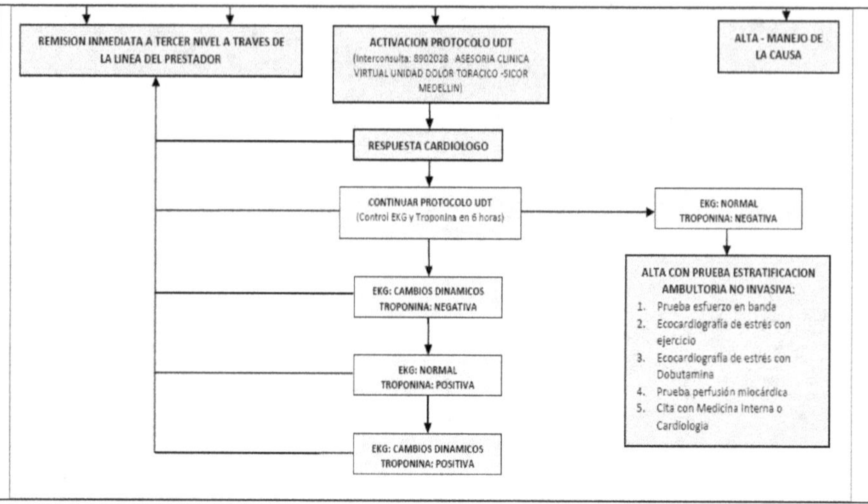

LISTA DE CHEQUEO

Nuevamente les pido a todos el mayor compromiso con nuestros pacientes , y en forma muy puntual con la estrategia de UDT.

No estamos ingresando a todos los pacientes, y algunos de los ingresados no cumplen criterios de ingreso.
Recuerden No se ingresan arritmias.
Se ingresa pacientes con dolor en tórax que cumplan los criterios.
Si el paciente de entrada tiene un claro IAM tampoco se ingresa se remite en forma inmediata
Se ingresa posible SCA con EKG no diagnóstico , y biomarcadores normales se hace HC completa con el DEFINIR, TIMI, PROBABILIDAD

Tenemos un 30% de estos pacientes sin ASA ……..esto es gravísimo
Muchos de ellos sin Rx de tórax
Y gravísimo el tiempo para el inicio de las conductas en la mayoría de los casos exceden de 60 minutos y van hasta 2 y 3 horas

Entre todos podemos y debemos hacer una atención de mayor calidad.

TODOS CASO….VERIFICAR
Se calculó el puntaje TIMI
! Se hizo la estratificación de riesgo de SCA
! Se tomó la radiografía de tórax
! Se tomó la troponina al ingreso
! Se tomó la troponina a las seis horas
! Se reportó en la historia clínica la troponina al ingreso
! Se reportó en la historia clínica la troponina a las seis horas
! Se formularon 300 mg de ácido-acetil-salicílico
! Se hizo la nota de seguimiento en la historia clínica a las dos horas

! Se hizo la nota de seguimiento en la historia clínica a las seis horas
! Se prescribió la prueba diagnóstica para descartar insuficiencia coronaria
! Concordancia (%) en las lecturas del ECG entre los médicos de Urgencias y el
Especialista

NO TA DE HISTORIA CLINICA

Dolor en el pecho.
SE EVALUA PROTOCOLO DEFINIR:
 Duración del dolor de más de 20 minutos.. N empeora con la actividad
Fisca... Creciente el dolor en frecuencia, de Intensidad de 4 de 10,
 En nivel retro externa, opresivo no irradiado a cuello, mentón o
brazos, No refiere diaforesis, niega nauseas, niega vómito, niega
Taquicardia..

TIMI:
A. Edad de más de 65 años (0 puntos)... B. Más de tres factores de
 riesgo (hipertenso, hipercolesterolemia) no otro factor. (0
puntos)...C. Enfermedad Coronaria diagnosticada (0puntos), D. Uso de
Aspirina en los últimos 7 días (0 puntos)...
E. Angina severa reciente (menor o igual a 24 horas) (0 puntos).. F.
Desviación del segmento ST 0.5 mm (0 puntos).. Troponina
Timi de 0 (cero) riezgo bajo para IAM.

 ESTRATIFICACION DEL RIESGO:
 BAJA PROBABILIDAD:
 Sintomas isquémicos probables en ausencia de las características
intermedias. Examen fisico: no molestia precordial reproducible con
la palpación, Ekg Normal. TIMI DE 0. estan pendientes los
biomarcadores cardiacos..

 Lectura de EKG
 Intervalo RR   -ms.. --   regular
-Fc. 12 -
onda p positiva en   I,II, III,   ritmo sinusal
In tervalo P r de   120 milisegundos----desviación de eje a la izquierda..---
QRS duración de:80 m s   ------
Progresión de R normal en precordiales. ---
 Onda Q .. no patológica ---
No signos de hipertrofia ----
Segmento ST iso eléctrico
Onda T dentro de rangos normales.. ---
INTERVALO QT..306 QT CORREGIDO DE 437 normal ---
 EJES: P 96 GRADOS. ---
QRS DE   88 GRADOS ---
.. T 52 GRADOS. ---
 SOKOL 2.92 MV {{{

DX. TAQUICARDIA SINUSAL.----
 SE DESCARTAN SIGNOS DE ISQUEMIA EN ELECTROCARDIOGRAMA.
. .
NO SIGNOS DE HIPERTROFIA. . .
SE VALORA EN CONJUNTO CON LA DR . .

CLASIFICACION DE KILLIP

CLASE FUNCIONAL	SIGNOS CLÍNICOS	MORTALIDAD (%)
I	Ausencia de signos de insuficiencia ventricular izquierda .	6
II	Tercer ruido, estertores, hipertensión venosa pulmonar	17
III	Edema pulmonar franco.	38
IV	Shock cardiogénico (tensión sistólica < 90 mmHg, signos de vasoconstricción periférica	81

Publicado en www.portalesmedicos.com

Localización de la lesión

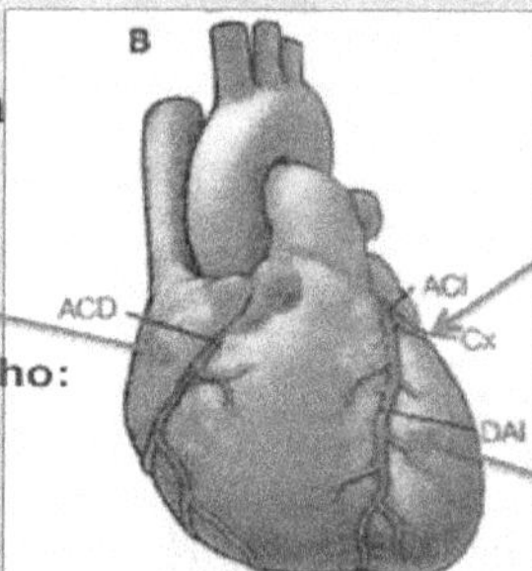

Arteria Coronaria Derecha

Inferior: II-III-aVF
Posterior: V1-2
Lateral bajo:V5-6
Infarto Ventriculo derecho:
V2R-4R

Arteria Coronaria Izquierda

CIRCINFLEJA
Infarto lateral: I-aVL-V5-
Posterior:V1-V2

DESENDENTE ANTERIC
Anterior:V3-4
Septal:V1-2
Lateral alto:V1-Avl
Lateral bajo:V5-6

LOCALIZACIÓN ANATÓMICA

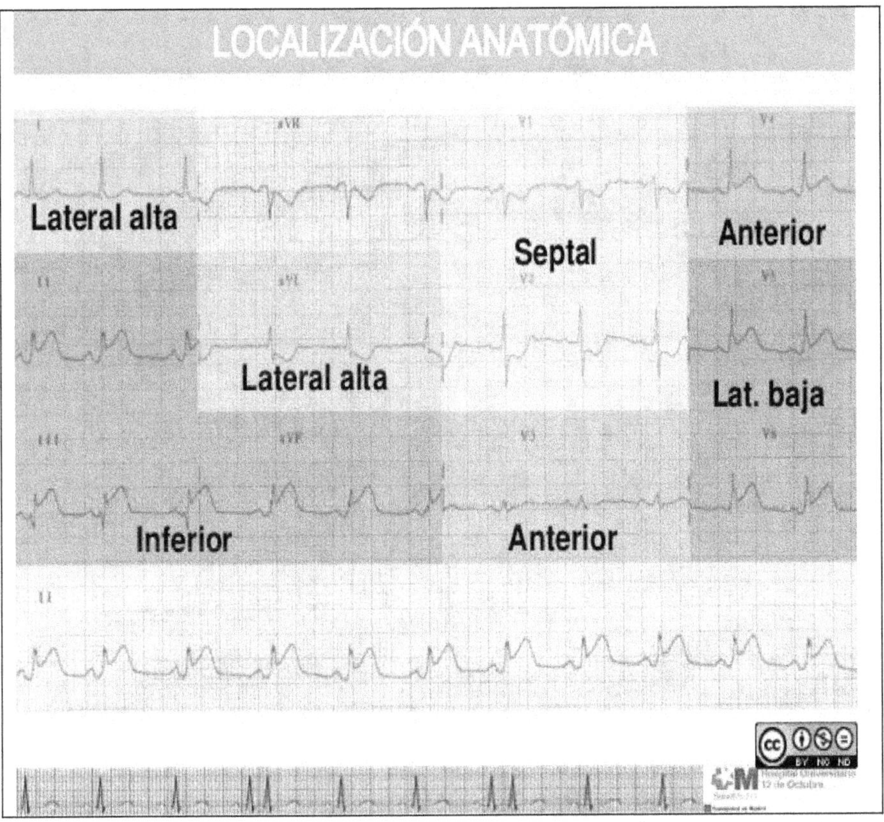

Lateral alta
Septal
Anterior
Lateral alta
Lat. baja
Inferior
Anterior

Nasajpg.com
The best web site health

New Association Academic, Journal Public Global of Medicine

ESCALA DE GRACE

Escala GRACE (0–258)									
Edad (años)		Frecuencia cardíaca		TA sistólica (mmHg)		Creatinina (mg/dl)		Clase de Killip	
Rango	Puntos	Rango	Puntos	Rango	Puntos	Rango	Puntos	Rango	Puntos
40–49	18	< 70	0	< 80	63	≤ 0,39	2	Clase I	0
50–59	36	70-89	7	80-99	58	0,4–0,79	5	Clase II	21
60–69	55	90-109	13	100-119	47	0,8–1,19	8	Clase III	43
70–79	73	110-149	23	120-139	37	1,2–1,59	11	Clase IV	64
≥ 80	91	150-199	36	140-159	26	1,6–1,99	14		
		≥ 200	46	160-199	11	2–3,99	23		
				≥ 200	0	≥ 4	31		

Paro cardiorrespiratorio al ingreso: 43
Elevación de las enzimas cardíacas: 15
Desviación del segmento ST: 30

INTERPRETACIÓN DE LA ESCALA GRACE.

Riesgo	Puntaje	% mortalidad hospitalaria
Bajo	≤108	<1
Intermedio	109-140	1-3
Alto	>140	>3

Riesgo	Puntaje	% mortalidad a 6 meses
Bajo	≤88	<3
Intermedio	89-140	3-8
Alto	>118	>8

MANEJO DEL PACIENTE CON DOLOR TORACICO AGUDO

Historia clínica dirigida SAMPLER:
S- Signos y síntomas
A – alergias
M. Medicamentos
P. Patológicos: antecedente personales de interes.
L. Last. Ultima ingesta por vía oral, que comió y cuando.
E. Eventos previos
R- Riesgos factores

SE continua utilizando la regla: OPQRS
O. ONSET. Comienzo del síntoma
P. Paliacion-provocacin: algo lo provoca
Q. Quality/provocacion. ¿hay algo que haga que el dolor mejore o empeore?
R. Irradiación
S. Severity. Gravedad: del 1 al 10.
T tiempo de duración.
Preguntar: consumo cocaina. Café. Energizante.

Ekg. Signos vitales. Criterios de hospitalización: ICC. Shock, . Hipoxemia, neumotorax. Neumomediastino, tep. Fracturas.

e.f. Pulsos, ruidos cardiacos. Pulmones. Palpación abdominal. Exploración de pulsos (disección aortica), piel neurologica. Reproduccion del dolor, dejar el paciente en reposo en posición de Fowler 45 grados. Coloco oxigeno.

Bioquimic: 1. Amilasa, ck, ckmb. Troponina t, i. LDH.
RX. TORAX.

TABLA 2. Clase funcional de la *New York Heart Association* (NYHA)

Clase I	Ninguna limitación de la actividad física. Ejercicio durante más de 30 minutos
Clase II	Limitación leve de la actividad física. La mayoría de la actividad física no precisa ninguna limitación, sin embargo, el ejercicio ordinario puede dar lugar a fatiga o a disnea
Clase III	Limitación marcada de la actividad física. El ejercicio cotidiano está limitado. El paciente puede solamente caminar unos 10 minutos al día
Clase IV	Limitación severa de la actividad física. Cualquier actividad vigorosa puede aumentar el malestar y producir respiración dificultosa o angina

MANEJO DEL IAM

MONITORIZAR con desfibrilador

Oxigeno suplementario si sat. Menos de 94%
Asa: 160-350 mg

Nitratos: nitrogliceria 5 mg sublingual 3 a 5 minutos, nitroglicerina iv 0.25 a : microgramos kg. Minutoos por 24 a 48 horas. . no utilizar si la presiòn arteria sis menos de no 90.

Morfina: 2-4 mg o meperidina 30-50 si no hay infarto anterior. Y si nitritos n disminuyen el dolor.

Clopidroguel: 600 mg carga y dosis de 75 mg dia.

Heparina: bolo de 30 mg segidos a los 15 minutos de 1 mg kg. S.c. cada s 1 horas.

Betabloqueadores dentro de las primeras 12 horas.
Iecas. Estatinas.

Trombolisis

Estreptoquinasa (Streptase®): 1,500,000 unidades en 100 cc SSN en 1 hora IV.

Alteplase (Actilyse®): 15 mg bolo IV. 50 mg para pasar en 30 min (0,75 mg/kg) IV. 35 mg para pasar en 60 min (0,50 mg/kg) IV.

Tenecteplase (Metalyse®): <60 kg= 6.000 U (30 mg o 6 cc); **60-70 kg**= 7.000 U (35 o 7 cc); **70-80 kg**= 8.000 U (40 mg u 8 cc); **80-90 kg**= 9.000 U (45 mg o 9 cc); >**90 kg**= 10.000 U (50 mg o 10 cc).

CUADROS FRECUENTES:

APENDICITIS

APENDICITIS:
HISTORIA DE LA ENFERMEDAD ACTUAL
CUADRO DE APARICIO EL DIA .
REFIERE QUE EL DOLOR SE LOCALIZA EN CUADRANTE INFERIOR DERECHO, INICIANDO EN MESOGASTRIO QUE EMIGRÓ AL CUADRANTE INFERIOR DERECHO.
DOLOR TIPO PUNZADA
NO SE IRRADIA.
DE INTENSIDAD DE 9 DE 10;
NO MEJORA A PESAR DEL TRATAMIENTO MEDICO CON

ANALGESICOS ORALES.
REFIERE QUE EL CUADRO SE ASOCIA DON EMESIS PERSISTENTE
DE CONTENIDO ALIMENTIDICIO DESDE EL DIA DE AYER.
NO VOMITO PORRACEO.
NIEGA DIARREA, NIEGA PERDIDAS VAGINALES.

INSPECCION: NORMO CONFIGURADO. AUSCULTACION:
PERISTALTISMO PRESENTE. NO SE AUSCULTAN SOPLOS,
PALPACIÓN : BLANDO, DEPRESIBLE, NO VICEROMEGALIAS.
PRESENTA DOLOR EN CUADRANTE INFERIOR DERECHO CON
SIGNO DE MCBURNEY POSITIVO. CON SINGO DE REBOTE
POSITIVO. PSOAS NEGAIVO.

TACTO VAGINAL:
VAGINA EUTERMICA. OCE CERRADO, CUELLO ANERIOR. LARGO.
NO DOLOR A LA PALPACION DE ANEXOS,
SALE GUANTE LIMPIO.

Signo del psoas Signo del obturador.

dolor referido al cuadrante inferior derecho cuando se les palpa el cuadrante
inferior izquierda (signo de Rovsing), dolor desencadenado por la extensión de
la pierna derecha hacia la cadera mientras está en posición de decúbito
lateral izquierdo (signo de psoas) o dolor que se desencadena al flexionar en
forma pasiva la cadera y la rodilla derecha y girar la cadera en sentido
interno (signo del obturador)

SIGNOS DE APENDICITIS:

ALVARADO
DOLOR EN CUDRANTE INFERIOR DERECHO (2 PUNTOS);
SIGNO D BLUMBERG POSITIVO (1 PUNTO);
MIGRACIÓN DEL DOLOR (1 PUNTO);
NÁUCEAS O VÓMITO (1 PUNTO);
ANOREXIA (1 PUNTO);
TEMPEATURA ORAL SUPERIOR A 37.2 °C (1 PUNTO);
RECUENTO DE LEUCOCITOS MAYOR DE 10.000 (2 PUNTOS);
NEUTROFILIA MAYOR DE 70 % (1 PUNTO);
PUNTAJE DE ALVARADO DE (PUNTOS)

TABLA 1

Criterios de la escala diagnóstica de Alvarado

Criterios de evaluación de la escala diagnóstica de Alvarado

Criterio	Valor
Dolor en cuadrante inferior derecho	2
Signo de Blumberg positivo	1
Migración del dolor	1
Náuseas o vómito	1
Anorexia	1
Temperatura oral superior a 37,2 °C	1
Recuento de leucocitos mayor de 10.000 por mm^3	2
Neutrofilia mayor de 70 %	1

Criterios de decisión de la escala diagnóstica de Alvarado

Decisión	Puntaje
Negativo para apendicitis	0-4
Posible apendicitis	5-6
Probable apendicitis	7-8
Apendicitis	9-10

Fuente: Beltrán M, Villar R, Tapia TF. Score diagnóstico de apendicitis: Estudio prospectivo, doble ciego, no aleatorio. Revista Chilena de Cirugía. 2004;56:550-7.

CEFALEA

CEFALEA
PACIENTE CON CUADRO DE INICIO EL DIA DE AYER. CEFALEA FRONTAL INTENSDIDAD DE 4 DE 10; REFIRE QUE NO CEDE AL PESAR DEL TRATAMIENTO CON ANALGESICOS ORALES. NIEGA IRRADIACION DEL DOLOR, NIEGA SENSACION DE FOTOPSIA NIEGA OTRO CUADRO ASOCIADO. NIEGA DISARTRIA. NIEGA DOLOR CERVICAL. NIEGA FIEBRE.

INFECCION URINARIA

DOLOR DE INICIO EL DIA DE   , LOCALIZADO EN - IRRADIADO A, - REFIERE QUE EL DOLOR ES TIPO , - DE INTENSIDAD DE   /10; - SE ALIVIA CON - ASOCIADO A DISURIA, POLAQUIURIA, TENESMO, URGENCIA URINARIA, HEMATURIA - NIEGA ALTERACION MENTAL. - FIEBRE - TRATAMIENTOS PREVIOS CONSULTA AHORA AL SERVICIO PUESTO QUE CONTINUA CON DOLOR ABDOMNAL. EN HIPOGASTRIO Y FOSA RENAL BILATERAL. DE INTENSIDAD DE 8 DE 10; ASOCIADO A DISURIA, POLAQUIURIA, TENESMO, VESICAL, NIEGA HEMATURIA, NIEGA FIEBRE. NIEGA OTRO CUADRO ASOCIADO.
ITU Disuria, polaquiuria,tenesmo, urgencia, fiebre:Sospeche cistitis, alteración mental, dolor abdominal, puñopercusión , compromiso del estado general :sospeche pielonefritis .Tener en cuenta los factores de riesgo(Edad fértil,hombre,alteración via urinaria,instrumentación,urolitiasis,inmunosuprimido,DM,Ca,VIH) SV,Dolor abdominal, puñopercusión.Criterios de gavedad: Intolerancia VO, compromiso estado general,PAS <90,Sospecha de sepsis Cintilla si con esta le queda claro el Dx no necesita más ayudas, Cit de orina. Urocultivo si cumple con: niño, hombre, embarazo, criterios de gravedad, hospitalizacion reciente, pielonefritis,falla tto, instrumentacion, recurrencia.HLG Y SED ,Creat en ITU complicada con criterios de gravedad Siempre clasifique la ITU en simple:ITU mujerres sin criterios de complicada   o   complicada:hombres,   niños

>65años,DM,embarazo,inmunosuprimido,instrumentación.
>6 meses cefalexina, Cistitis:Norfloxacina,Pielonefritis:Ciprofloxacina
SYS de alarma.revisión en 48-72 horas

CLASIFICACIÓN DE LA INFECCION URINARIA
COMPLICADA,
NO COMPLICADA.

Aztreonam 2 gr. IV cada 8 horas por 10 a 14 días,
2. Piperacilina/Tazobactam 4.5 gr. IV c/6 hora por
14 días, 3. Ceftriaxona 2 g. IV día por 14 día

EPOC

EPOC
Incremento de disnea,sibilancias, tos,fiebre,aumento y cambios en esputo. Estado mental, SV, Descripción completa de torax uso de músculos accesorio, crépitos, sibilancias, roncus, cianosis, palidez, hipoventilación, oximetria.Dx diferrencial: Signos de ICC Ingurgitación yugular, hepatomegalia,edemas. Según criterio médico:Gases, Rx, EKG,HLG , si se sospecha neumonia asociada S-CURB O2,LEV,B2 Inhalado, Nebulización si el paciente es incapaz de inahalarse,anticolinergico, esteroides. B2, Esteroide,antibiotico si lo requiere. SYS de alarma, control en 24-48 horas en IPS Básica
ACTUACIONES   **EN**   **URGENCIAS**
EPOC *CRITERIOS DE ANTHONISEN* INCREMENTO DE LA DISNEA INCREMENTO DEL VOLUMEN DE ESPUTO INCREMENTO DE LA PURULENCIA DE ESPUTO CLASIFICACIÓN DE ANTHONISEN TIPO I: PRESENCIA DE UN CRITERIO TIPO II: PRESENCIA DE DOS CRITERIOS TIPO III: PRESENCIA DE LOS TRES CRITERIOS CRITERIOR DE SEVERIDAD DE EPOC SISTEMA DE ESTADIFICACIÓN GOLD PARA SEVERIDAD DE EPOC

HALLAZGOS (BASADO EN FEV1 POSTBRONCODILATADOR)
FACTORES DE RIESGO Y SÍNTOMAS CRÓNICOS PERO ESPIROMETRÍA NORMAL
RELACIÓN VEF1/CVF MENOR AL 70% VEF1 DE AL MENOS EL 80% DEL VALOR PREDICHO PUEDE TENER SÍNTOMAS
RELACIÓN VEF1/CVF MENOR AL 70% VEF1 50% MENOR DEL 80% DEL VALOR PREDICHO PUEDE TENER SÍNTOMAS CRÓNICOS

RELACIÓN VEF1/CVF MENOR AL 70% VEF1 30% MENOR DEL 50% DEL VALOR PREDICHO PUEDE TENER SÍNTOMAS CRÓNICOS
RELACIÓN VEF1/CVF MENOR AL 70% VEF1 MENOR DEL 30% DEL VALOR PREDICHO   O VEF1 MENOR DEL 50% DEL VALOR PREDICHO MÁS SÍNTOMAS CRÓNICOS SEVEROS

ANALISIS

PACIENTE CON CUADRO DE EXACERBACION AGUDA DE EPOC, SEGÚN ANTHONISEN: TIPO , CRITERIOS DE SEVERIDAD: MAYOR DE 65 AÑLOS, CON ... CRITERIOS DE ANTHONISEN, PACIENTE ... OXIGENO REQUIRIENTE.

CRISIS SIMPLE: PLAN: OXIGENOTERAPIA, MANEJO CON BRONCODILATADORES BERODUAL , METILPREDNISOLONA 40 MG IV CADA 8 HORAS, HIDRATACION-

CRISIS MODERADA Y SEVERA: OXIGENOTERAPIA, MANEJO CON BRONCODILATADORES BERODUAL , METILPREDNISOLONA 40 MG IV CADA 8 HORAS, HIDRATACION- SE SOLICITA HEMOGRAMA, PCR, EKG, GASES ARTERIALES, BUN, CREATININA, MYCOPLASMA, RX DE TORAX.

EPOC

H.C.
-Incremento de la disnea.
- Aparición de sibilancias audibles.
- Opresión torácica.
- Incremento de la tos.
-Aumento de producción y cambio en las características
del esputo.
-Fiebre.
-Historia médica previa a la exacerbación.
-Frecuencia y gravedad de la disnea.
-Disminución de tolerancia al ejercicio.
El aumento de volumen o cantidad y características
del esputo sugieren causa bacteriana.
- Un cambio en el estado de conciencia en una
paciente con clasificación IV (EPOC muy grave) es signo
clínico de inminencia de falla respiratoria.
Examen físco con énfasis en tórax:
- Presencia de sibilancias.
- Crépitos.
-        Roncus.
-        - Zonas de hipoventilación.

PARACLINICOS ORDENADOS
- **Espiración prolongada.**
Signos de COR Pulmonar:
- **Ingurgitación yugular.**
- **Hepatomegalia.**
- **Edema de miembros inferiores.**
— **Dedos en palillo de tambor**
Espirometría y Pico Flujo Espiratorio:
Pulsometría:
Gases arteriales:
Radiografía de tórax:
ECG:
No se recomieda
por lo difícil de realizar en una exacerbación.
Útil para evaluar saturación de O2 y la
necesidad de oxígenoterapia.
PaO2 < 60 mm Hg y/o una SaO2 < 90%
con o sin PaCO2 > 50 mmHg respirando aire ambiente
indican la presencia de insuficiencia respiratoria y si Ph <
7,36 e Hipercapnia (PaCO2 > 45-60 mmHg) es indicación
de ventilación mecánica no invasiva.
Útil para buscar procesos
asociados. (En todos los pacientes).
Útil para buscar HVD, arritmias o episodios
isquémicos. Buscar signos de tromboembolismo
pulmonar S1Q3T3 (10%)

DISNEA.

Hipercapnia	En <u>medicina</u> se llama hipercapnia al aumento de la <u>presión parcial de dióxido de carbono</u> (PaCO$_2$), medida en <u>sangre arterial</u>, por encima de 46 <u>mmHg</u> (6,1 <u>kPa</u>). Produce una<u>disminución del pH sanguíneo</u> debido al aumento de la concentración plasmática de dióxido de carbono. La hipercapnia estimula la respiración y causa <u>arritmias</u> como por ejemplo <u>taquicardia.</u>
Hipocapnia	a hipocapnia es una disminución del <u>dióxido de carbono</u> (CO2) disuelto en el<u>plasma sanguíneo</u>, en donde existe particularmente bajo la forma de <u>ácido carbónico</u>. Usualmente surge como resultado de una<u>respiración</u> rápida o profunda, conocida como <u>hiperventilación.</u>
Hipoxia	En <u>medicina</u>, la hipoxia (del <u>griego antiguo</u> ὑπό *hypó* 'debajo de', ὀξύς *oxys* 'oxígeno', ίᾱ 'cualidad')[1] es un estado de deficiencia de oxígeno en la sangre, células y tejidos del organismo, con compromiso de la función de los

	mismos. Esta deficiencia de oxígeno puede ser debida a muchas causas, como el tabaquismo, la inhalación de gases o la exposición a grandes alturas (mal de montaña).
hiperoxia	La hiperoxia es el exceso de oxígeno o niveles más altos de lo normal en la presión parcial del oxígeno. En medicina, se refiere al exceso de oxígeno en pulmones o tejidos corporales, que puede ser causada por la inhalación de aire u oxígeno a presiones más altas que la presión atmosférica normal. Este exceso de oxígeno puede llevar a una intoxicación por oxígeno. En el medio ambiente, se refiere al exceso de oxígeno en un cuerpo de agua u otro hábitat.
hipoxemia	La hipoxemia, que es la disminución de la presión alveolar de oxígeno en sangre arterial.
Isquemia	En medicina, se denomina isquemia (del griego ἴσχειν, *ísjein*, 'detener' y αἷμα, *aíma*, 'sangre') al estrés celular causado por la disminución transitoria o permanente del riego sanguíneo y consecuente disminución del aporte de oxígeno (hipoxia), de nutrientes y la eliminación de productos del metabolismo de un tejido biológico. Este sufrimiento celular puede ser suficientemente intenso como para causar la muerte celular y del tejido al que pertenece (necrosis). Una de las funciones principales de la sangre es hacer que el oxígeno tomado por los pulmones y nutrientes circulen por el organismo y lleguen a todos los tejidos del cuerpo.
Anoxia	En medicina la anoxia es la falta casi total del oxígeno en un tejido. Es un estado en que la necesidad de oxígeno de las células del organismo no es satisfecha. La anoxia puede ser debida a patología pulmonar (*anoxia anóxica*); a la disminución o alteración de la hemoglobina que impide la fijación del oxígeno en cantidades suficientes (*anoxia anémica*); disminución de la circulación sanguínea (*anoxia por estenosis*) o incapacidad de los tejidos de fijar el oxígeno (*anoxia histotóxica*).
Disnea	Percepcion para respirar de una manera confortable
Asfixia	La asfixia se produce cuando deja de fluir oxígeno a los pulmones o bronquios, por una

	obstrucción en la garganta o tráquea, habitualmente por fallos en la deglución de sólidos (atragantamiento).
Miastemia gravis	La miastenia gravis (MG) es una enfermedad neuromuscular autoinmune y crónica caracterizada por grados variables de debilidad de los músculos esqueléticos (los voluntarios) del cuerpo. La denominación proviene del latín y el griego, y significa literalmente «debilidad muscular grave».
Guillain-Barre	El síndrome de Guillain-Barré, también conocido como síndrome de Guillain-Barré-Landry, es un trastorno neurológicoautoinmune en el que el sistema inmunitario del cuerpo ataca a una parte del sistema nervioso periférico, la mielina, que es la capa aislante que recubre los nervios. Cuando esto sucede, los nervios no pueden enviar las señales de forma eficaz; losmúsculos pierden su capacidad de responder a las órdenes del encéfalo y éste recibe menos señales sensoriales del resto del cuerpo. El resultado es la incapacidad de sentir calor, dolor y otras sensaciones, además de paralizar progresivamente varios músculos del cuerpo.

Sangre arterial			Sangre venosa periférica		
	Valor medio	Rango		Valor medio	Rango
pH	7,40	7,36-7,44	pH	7,38	7,35-7,43
$PaCO_2$	40	36-44	$PvCO_2$	46	40-52
PaO_2	85	85-100	PvO_2	40	-
HCO_3	24	22-26	HCO_3	24	22-26

Tabla 21-2. Gases en sangre arterial

Medida	Límites normales*
PaO_2	85-95 mm Hg
$PaCO_2$	35-48 mm Hg
SaO_2	94-98 %
pH	7,35-7,45
CO_3H^-	23-28 mEq/l

* Límites normales al nivel del mar. Los valores normales dependen de la edad.

Las mediciones de estos parámetros en sangre arterial se expresa con la notación "a"; los de sangre venosa periférica con una "v", y los de sangre venosa mixta con "v". Así:

PaCO2	Presión de dióxido de carbono en sangre arterial
PaO2	Presión de oxígeno en sangre arterial
PvCO2	Presión de dióxido de carbono en sangre venosa periférica
PvO2	Presión de oxígeno en sangre venosa periférica

PvCO2	Presión de dióxido de carbono en sangre venosa mixta
PvO2	Presión de dióxido de carbono en sangre venosa mixta

PRINCIPALES PARÁMETROS Para la valoración de la función respiratoria los cuatro parámetros fundamentales en sangre arterial son los siguientes: - pH: mide la resultante global de la situación del equilibrio ácidobase. En sí mismo, no es un parámetro de valoración de la función respiratoria. Su interés reside en que nos habla del "tiempo de las alteraciones respiratorias", no de las alteraciones respiratorias propiamente dichas, es decir, nos habla de si un proceso respiratorio es agudo o crónico, o de cuando un proceso crónico se agudiza. - PaCO2: mide la presión parcial de dióxido de carbono en sangre arterial. Se trata de un parámetro de gran importancia diagnóstica, pues tiene estrecha relación con una parte de la respiración: la ventilación (relación directa con la eliminación de CO2). Así, cuando existe una PaCO2 baja significa que existe una hiperventilación, y al contrario, cuando existe una PaCO2 elevada significa una hipoventilación. - PaO2: mide la presión parcial de oxígeno en sangre arterial. Parámetro, así mismo, de gran utilidad, ya que evalúa la otra parte de la respiración: la oxigenación (captación de oxígeno del aire atmosférico). Una PaO2 baja significa que existe hipoxemia y una PaO2 elevada, una hiperoxia. - HCO3: y mide la situación del componente básico del equilibrio ácidobase. Tampoco mide ningún aspecto de la función respiratoria, sino que nos habla de si un proceso es agudo o crónico. El EB y la SaO2 son parámetros calculados, no son del todo fiables y no aportan ninguna información adicional. En la figura 1 se muestra un ejemplo de gasometría arterial correspondiente a un caso clínico real.

EXAMENES PARA LAS MATERNAS

EXAMENES PARA MATERNAS.
HEMOGLOBINA, HEMATOCRTO, HEMOCLASIFICACION, COMS INDIRECTO, VDRL, UROCULTIVO, GLICEMIA EN AYUNAS, IGG PARA TOXOPLASMA, GRAM Y DIRECTO DE FLUJO VAGINAL, HSGAg.
ECOGRAFIA T.V.

MATERNA APP.

MATERNA
EDAD GESTACIONAL
COTRACCIONES: INICIO DURACION,
FACTORES DESENCADENANTES DE   CONTRACCIONES,

ANTECEDENTES:
PARTO PRETERMINOS,
ABORTOS
PLANIFICACION
ANOMALIA UTERINA,
INFECCIONES URINARIAS,

DOLOR.
FLUJO VAGINAL.

ABDOMEN:
ALTURA UTERINA:
PRESENTACION FETAL:
ENCAJAMIENTO FETAL:
FRECUENCIA CARDIACA FETAL:
- ACTIVIDAD UTERINA: (FRECUNCIA, DURACION);
FRECUENCIA DE LAS CONTRACCIONES UTERINAS.

GENITO URINARIO:
GENITALES EXTERNOS,
TV.   CERVIX: POSISIÓN,   LONGITUD, CONSISTENCIA, BORRAMIENTO, DILATACION, ESTACION,
VALURACION DEL SEGMENTO UTERINO, CARACTERISTICAS DEL FLUJO VAGINAL,

TRATAMIENTO PARTO PREMATURO:
Ordenar: Reposo absoluto (DLI).
-Prescribir: Líquidos I.V.
-Iniciar: Nifedipina de 10 mg. cada 20 minutos

hasta 40 mg. en la primera hora.
-Iniciar: Maduración pulmonar.
-Evaluar: Cada 30 minutos.

MADURACIO PULMONAR:
Primera opción: Betametasona 12 mg intramuscular cada 24 horas por 2 dosis. Se puede aplicar la segunda dosis a las 6 ó 12
horas en casos en que se sospeche parto en menos de 12 - 24 horas.
Segunda opción: Dexametasona 6 mg intramuscular cada 12 horas por cuatro dosis. Cuestionable su uso clínico.

Establecer edad gestacional,caracteristica inicio y duración de contracciones,coomorbilidad, AP relacionados, Caracteristicas del dolor, flujo vaginal,fiebre,...otros sintomas importanes.Recuerde que debe tener embarazo >24 y<36+6,Actividad uterina más de 4 en 20 min,Cambios cervicales: dilatación >=2 cm,Longitud=<2cm
SV, altura uterina,posición fetal, FCF,actividad uterina,explore genitales, TV y/o especuloscopia,describir edemas.HLG, DyG flujo, Cit de Orina, Urocultivo,PCR, Eco obstetrica (Estas ayudas son opcionales y son de acuerdo al criterio médico)
Dinámica uterina normal sin cambios cervicales: se descarta APP alta.
Dinámica uterina anormal, con cambios cervicales: uteroinhibicion de ataque, maduración pulmonar, remisión.Dinámica uterina normal con cambios cervicales:Reposo, LEV,nifedipina 10 mg cada 20 min, hasta 40 mg,maduración pulmonar , evaluación cada 30 minutos. Dinamica uterina anormal, sin cambios cervicales: Idem al anterior.si hay mejoria continuar tratamiento ambulatorio , sino observación 6 horas y remision.Nifedipina 10 mh cada 6 por 48-72 horas, Betametasona 12 mg ya y en 48 hrs.
SYS de alarma, revisión en IPS Basica en 24-48 hrs

PSIQUIATRIA EXAMEN MENTAL.

PSIQUIATRIA EXAMEN MENTAL.
EXAMEN MENTAL 1.
TRANSTORNO AFECTIVO BIPOLAR..
EN TRATAMIENTO CON ACIDO VALPROICO 2-2-2..
FLUOXETINA -1-1-0..
DESDE HACEN 10 AÑOS ESTOY ENCERRADO EN UN TALLER, TRABAJA EN METROSALUD.. REALIZA MANTENIMIENTO EN HOSPITALES, PERO EL JEFE LO MANTIENE AISLADO EN UN TALLER.
DESDE HACE 15 DIAS REFIRE QUE EL JEFE LO ESTA AGREDIENDO PARA PROVOCAR AL PACIENTE PARA QUE SEGUN EL PACIENTE AGREDA A SU JEFE..
REFIERE QUE RECIBIO AGRESIONES VERBALES DEL JEFE QUIEN LE DIJO "TENGO QUIEN TE ARREGLE POR LA CALLE" REFIERE QUE FUE A LA PROCURADURIA QUIENES DIJERON QUE VAN A ABRIR UNA INVESTIGACIÓN.

REFIERES QUE LLEVA VARIAS NOCHES SIN DORMIR,
REFIERE QUE SUFRE DE MUCHO INSOMNIO, POR LA PREOCUPACIÓN
PUESTO QUE TEME QUE EL JEFE LO MANDE A MATAR SEGÚN REFIERE
EL PACIENTE.

LLEVA 3 DIAS SIN DORMIR.
APARIENCIA: CON FACIE NORMAL, BUEN CUIDADO PERSONAL,
PACIENTE BAÑADO, ROPA LIMPIA, CON CONTACTO OCULAR
DURANTE LA CONVERSACIÓN, AMABLE EN LA ENTREVISTA, CON
EDAD APARENTE DE 50 AÑOS,

CONDUCTA MOTORA: SE MOVILIZA POR MODO PROPIO, NO
TEMBLORES, NO TICS,

HABLA: BUEN VOLUMEN DE VOZ, CON ENTONACIÓN Y TIMBRE
ADECUADOS. HABA CON ILACIÓN,

ESTADO DE ANIMO: TRIZTE, ANSIOSO,

EFECTO PLANO. NIEGA ALUSCINACIONES AUDITIVAS, NIEGA
ALUSCINACIONES VISUALES,

CON PENSAMIENTO ADEUCADO, RAZONA DE CAUSA A EFECTO.
CON DELIRIO DE PERSECUSIÓN POR PARTE DE LOS SUPERIORES,
PREOCUPADO POR SU SITUACIÓN LABORAL,

AHORA TRANQUILO. CONCIENTE ORIENTADO EN TIEMPO, ESPACIO,
PERSONA Y SITUACIÓN. SE MOVILIZA POR MODO PROPIO, CON
MEMORIA ANTEROGRADA Y RETROGRADA CONSERVADA, UBICADO
EN TIEMPO, ESPACIO Y PERSONA.. CON TRANSFONRNDO SOCIA: VIVE
CON LA ESPOSA Y ANTES CON OTRO MATRIMONI REFIER QUE TIENE 2
HIJAS Y 2 NIETOS..
.. BUENA INSTROSPECCIÓN,

EXAMEN MENTAL 2
Paciente Femenino con edad aparente acorde a edad
cronológica, aseada, vestimenta acorde a: sexo, edad y
contexto, vigil, normoproxecico, colaborador, memoria de
evocación y fijación conservada inteligencia promedio,
orientado en: persona, desorientado en: tiempo, espacio,
lenguaje normolalia coherente, tono grave, intensidad baja,
pensamiento normo psíquico, coherente ideas de daño.
Afecto eutimico, psicomotricidad sin alteración,
sensopercepción sin alteraciones. Juicio de realidad
presente, conciencia de enfermedad ausente.

NOTA DE EVOLUCIÓN MÉDICA

EVOLUCIÓN MEDICA
NOTA DE EVOLUCION MEDICA PERIODICIDAD: CADA 30 MINUTOS PCTE CRITICO Y CADA 2 HORAS PCTE EN OBSERVACION QUE DEBE CONTENER EJEMPLO ESTADO GENERAL PACIENTE: PACIENTE SE ENCUENTRA CONCIENTE, ORIENTADO, HEMODINAMICAMENTE ESTABLE, TOLERANDO VIA ORAL, NO HA PRESENTADO NUEVAMENTE DOLOR....ETC.... SIGNOS VITALES COMPLETOS TA: 100/60 - FC: 76 - FR: 18 - SPO2: 89% AL AMBIENTE Y 95% A 3 LITROS /MIN QUE TIENE PENDIENTE EL PCTE PENDIENTE EXAMENES, REMISION, ETC...

ENTREGA DE TURNO SAER

ENTREGA DE TURNO SAER
Identificación del paciente Situación Nombre del paciente -   Diagnóstico Antecedente -   Decir por qué razón el paciente fue admitido -   Tiempo en el servicio -   Procedimientos realizados -   Medicamentos actuales -   Alergias -   Resultados de laboratorio pertinentes Evaluación -   Signos vitales

- **Mi impresión es que (la del médico que presenta)**
- **La clínica parece sugerir que**
- **El paciente parece inestable**
- **No estoy seguro qué es ...pero está deteriorándose**

Recomendación
- **Yo sugiero**
- **Ten cuidado con**
- **Hay que solicitar**
- **Dudas en caso de cambios (se le puede dar ... en caso de no mejorar...)**

ALTA DE PACENTES

<table>
<tr><td>

ALTA MEDICA
NOTA DE ALTA MEDICA (SIEMPRE NUNCA DEBE FALTAR)
PERIODICIDAD: AL ALTA DE UN PACIENTE EN OBSERVACION O REMITIDO
QUE DEBE CONTENER
EJEMPLO
PACIENTE SALE CONCIENTE, ORIENTADO, HEMODINAMICAMENTE ESTABLE, TOLERANDO VIA ORAL, NO HA PRESENTADO NUEVAMENTE DOLOR.
HACIA DONDE SALE EL PCTE:

1.   SALE REMITIDO PARA CLINICA (SOMA, ROSARIO, ETC) PARA VALORACION POR ESPECIALISTA (PEDIATRIA, MEDICINA INTERNA, ETC) O MANEJO HOSPITALARIO
2.
2. SALE PARA SALUD ENCASA
CON QUIEN SALE EL PCTE:
1. SALE EN COMPAÑÍA DE FAMILIAR (ESPOSO, HERMANO, MADRE, ETC...)
2. SALE SOLO
EN QUE SALE EL PCTE:
1. SALE EN AMBULANCIA (BASICA, MEDICALIZADA)
2. SALE POR SUS MEDIOS
SIGNOS VITALES COMPLETOS TA: 100/60 - FC: 76 - FR: 18 - SPO2: 89% AL AMBIENTE Y 95% A 3 LITROS /MIN

</td></tr>
</table>

EVOLUCIÓN MEDICA MEDICINA INTERNA

<table>
<tr><td>

EXAMEN FISICO MEDICINA INTERNA

Normal, Orientado en las 3 esferas, no disartria, sensibilidad en las 4 extremidades conservada, reflejos osteotendinosos ++/++++ sin reflejos patológicos asociado, fuerza muscular en los diferentes grupos musculares 5/5, no movimientos anormales . Cabeza : Normal, Mucosas húmedas e hidratadas, escleras anictéricas, conjuntivas rosadas, PINR, fondo de ojo sin exudados ni lesiones en ninguno de los 4 campos ni papiledema, no signos de epistaxis, membranas timpánicas perladas y sin cicatrices, orofaringe sana, cavidad oral sin lesiones . Cuello : Normal, No IY a 45 grados, palpación de apófisis espinosas cervicales no dolorosas ni crepitantes, ángulos de movimiento cervical conservados, no lesiones externas, no soplo carotídeo bilateral, no adenopatías cervicales anteriores ni posteriores . Tórax : Normal, RsCsRsSs sin clics ni R3, MV conservado sin agregados, no dolor a la palpación de la reja costal ni enfisema subcutáneo, patrón respiratorio en normalidad, no lesiones externas en tórax anterior ni posterior . Abdomen : Normal, Abdomen blando, se deprime fácil, no masas ni megalias, no dolor, no hernia umbilical ni inguinal, no peritonismo en el momento, puño

</td></tr>
</table>

percusión bilateral negativa, sin ascitis, ruidos intestinales en normalidad . Piel y anexos : Normal, No cambios en la pigmentación ni pérdida en la continuidad superficial de la piel, no signos de fragilidad capilar, uñas sin lesiones, no brote cutáneo . Grado Quemadura : Normal. Procentaje Quemadura : Normal. Vascular periférico: Normal, Extremidades eutróficas, llenado capilar menor a 3 segundos, no frialdad distal . Músculo esquelético: ROT ++/++++, 5to dedo dela mano izquierda con leve edema interfalangico proximal anterior y dolor a la flexo extensión del mismo.

ICTERICIA

ICTERICIA PEDIATRIA

PEDIATRIA
Hiper bilirrubinemia:

Bilirrubina total.
Bilirrubina directa.
Cooms Directo
Recuento de rericulocitos

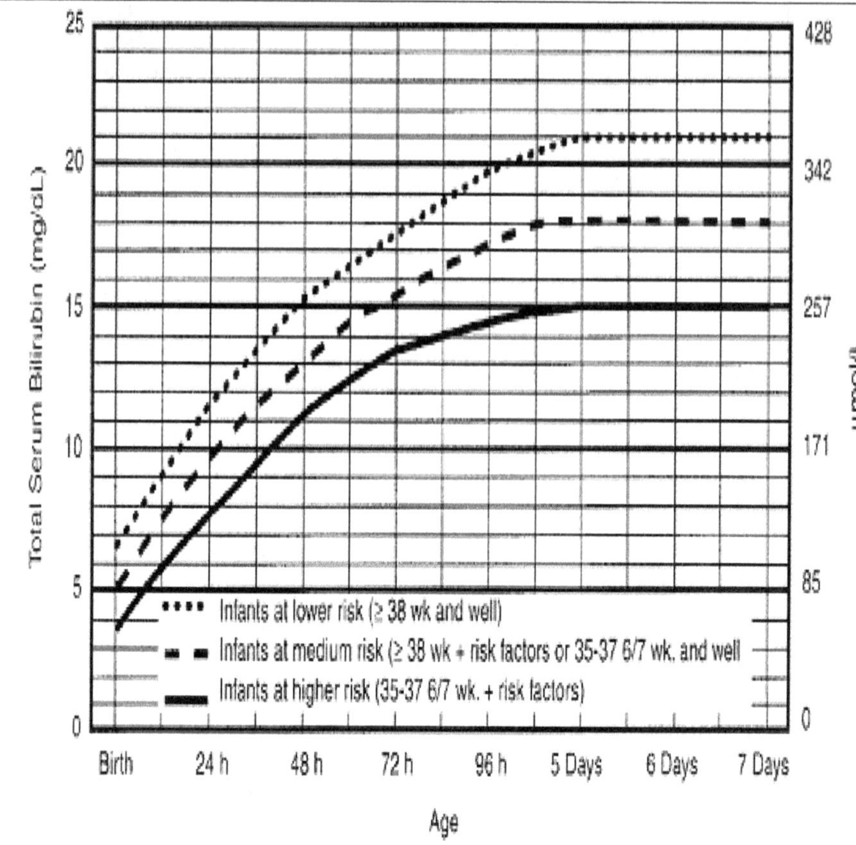

- Use total bilirubin. Do not subtract direct reacting or conjugated bilirubin.
- Risk factors = isoimmune hemolytic disease, G6PD deficiency, asphyxia, significant lethargy, temperature instability, sepsis, acidosis, or albumin < 3.0g/dL (if measured)
- For well infants 35-37 6/7 wk can adjust TSB levels for intervention around the medium risk line. It is an option to intervene at lower TSB levels for infants closer to 35 wks and at higher TSB levels for those closer to 37 6/7 wk.
- It is an option to provide conventional phototherapy in hospital or at home at TSB levels 2-3 mg/dL (35-50mmol/L) below those shown but home phototherapy should not be used in any infant with risk factors.

Fig 3. Guidelines for phototherapy in hospitalized infants of 35 or more weeks' gestation.

HEMATOLOGIA: TRANSTORNOS DE LA CUAGULACION, SOLICITO

PARA RETICULOCITOS FROTIS SANGRE PERICA, TIBC, SATURACION TRANSFERRINA, FERRITINA, ELECTROFORESIS DE HEMOGLOBINA. SOLICITO PARA ESTUDIO DE ANEMIA CRONICA. EN PACIENTES QUE PRESENTAN ANEMIAS PERSISTENTES.

ASMA

ASMA

Síntomas, exacerbaciones, tratamiento, Factores de Riesgo
Clasificación de la crisis en Leve, Moderada, Severa, Estado mental, SV,
Descripción completa de torax(uso de músculos accesorio, crépitos, sibilancias, roncus, cianosis, palidez, hipo ventilación),oximetria
Según criterio médico
O2, Beta2(1 hra=2 puff cada 10 min., 2 hra=2 puff cada 20 min.),Esteroides 1-2 mg/Kg. Nota de evaluación cada 30 minutos.Minimo debe estar dos horas en el servicio
B2, Esteroide
SYS de alarma, siempre revisión en su IPS en 24 horas, Ingreso a programa

DOLOR

DATOS DE LA HITORIA CLINICA:
PROTOCOLO PQRST
- P: Factores precipitantes:
- Q: Calidad
- R: Irradiación
- S: Gravedad
- T: Factores temporales:

otro enfoque:
OLD CARTS
O: Inicio.
L: Localización.
D: Duración.
C: Características.
A: Factores Asociados o agravantes:
R: Factores que lo alivian.
T: Factores temporales.

S: Gravedad.

DENGUE

DENGUE

VIVE EN MEDELLIN,
BARRIO:
- ESTADO CIVIL:
- PERSONALES: -
- PATOLOGICOS:(NEGATIVO)
- ALERGICOS (NO REFIERE)
- QUIRURGICOS:(NIEGA)
- TRAUMATICOS:(NO REFIERE)
- FX(NO RELATA)
- TOXICOLOGICOS: (NIEGAN TABAQUISMO ACTIVO O PASIVO, NIEGA INTOXICACIONES, NIEGA INGESTA DE ALCOHOL U OTRAS SUSTANCIAS)
- HOSPITALIZACIONES: (NINGUNA);
- TRANSFUSIONES: (NINGUNA) ;
EPIDEMIOLOGICO:
- VIAJE FUERA DE DEDELLIN:
- HA SUFRIDO DE DENGUE EN EL PASADO
- HA PADEDIDO DE ZIKA O CHIKUNGUNYA.
- HAY ALGUN FAMILIAR CON FIEBRE EN LA FAMILIA O AMIGOS:
- A. FAMILIARES:HTA(NIEGA) EPOC(NIEGA), DM(NIEGA), CANCER(NIEGA), OTROS(NIEGA).
- FECHA DE NACIMIENTO ,
- AÑOS.
- TELE ,
- BARRIO .
- DIRECCION:

MC Y EA: PACIENTE CON CUADRO DE INICIO CONSISTENTE EN FRIBRE,
LA FIEBRE SE ASOCIA A CEFALEA, DOLOR RETROOCULAR, ARTRALGIAS, MIALGIAS QUE

NIEGA DOLOR ABDOMINAL INTENSO Y CONTINUO, VÓMITOS FRECUENTES, SOMNOLENCIA, Y/O IRRITABILIDAD, NIEGA CAIDA DE LA TEMPERATURA, NIEGA DESMAYOS, HEMORRAGIAS IMPORTANTES, MELNAS. SOMNOLENCIA, IRRITABILIDAD, DISMINUCION DE LAOROINA, , DISMINUCION REPTENTINA DE LA TEMPERATURA, EDEMAS,

HAYAZGO SEMIOLOGICOS:
- FIEBRE ( ) ; MIALGIAS (); GINGIVORRAGIA (), VOMITO (),

ICTERICIA(), DOLOR RETROORBICULAR (), HEMOPTISIS (), FAGUET (); HIPEREMIA CONJUNTIVAL (NEGATIVO), ERUPCION (NEGATIVO); HEMATEMESIS (NEGATIVO), OLIGURIA (NEGATIVO); PETEQUIAS(NEGATIVO), METRORRAGIA (NEGATIVO), CHOQUE (NEGATIVO); BRADIACARDIA (NEGATIVO), EQUIMOSIS (NEGATIVO), DERRAME PLERURAL (NO EVALUADO); ARTRALGIAS (NEGATIVO); EPISTAXIS (NEGATIVO); HEMATURIA (NEGATIVO); ASCITIS (NEGATIVO), DOLOR ABDOMINAL (NEGATIVO), CEFALEA (NEGATIVO); PRUEBA TORNIQUETE (NEGATIVA);

RECOMENDACIONES:
- REPOSO EN CAMA, DEBE UTILIZAR TOLDILLO: LA INGESTA DE LÍQUIDOS (HARRIS ET AL., 2003) EN ABUNDANTE CANTIDAD (2 LITROS O MÁS PARA ADULTOS O LO CORRESPONDIENTE A NIÑOS), PUEDE SER LECHE, SOPAS O JUGOS DE FRUTAS (EXCEPTO CÍTRICOS).

- PARA ALIVIAR LOS SÍNTOMAS GENERALES (MIALGIAS, ARTRALGIAS, CEFALEA, ETC.) Y PARA CONTROLAR LA FIEBRE, SE DEBE ADMINISTRAR ACETAMINOFÉN (NUNCA MÁS DE 4 G POR DÍA PARA LOS ADULTOS Y A LA DOSIS DE 10-15 MG/ KG DE PESO EN NIÑOS), ASÍ COMO LA UTILIZACIÓN DE MEDIOS FÍSICOS, HASTA QUE DESCIENDA LA FIEBRE.

- LOS ANTIINFLAMATORIOS NO ESTEROIDEOS (AINES) Y LOS SALICILATOS (ASPIRINA) ESTÁN CONTRAINDICADOS EN PACIENTES CON DENGUE. NO SE DEBE UTILIZAR NINGÚN MEDICAMENTO POR VÍA INTRAMUSCULAR.

EVITAR:
LOS MEDICAMENTOS PARA EVITAR EL DOLOR Y LA INFLAMACIÓN. EJ.: "AINES", ACIDO ACETIL SALICÍLICO (ASPIRINA), DIPIRONA, DICLOFENACO, NAPROXENO, ETC. (INTRAVENOSA, INTRAMUSCULAR, POR VÍA ORAL NI SUPOSITORIOS) O ESTEROIDES. SI USTED ESTÁ TOMANDO ESTOS MEDICAMENTOS CONSULTE A SU MÉDICO LA CONVENIENCIA DE CONTINUAR CON EL TRATAMIENTO.

EVITAR: LOS ANTIBIÓTICOS (SI CREE QUE SON NECESARIOS CONSULTAR CON SU MÉDICO).

SI APARECE UNO DE LOS SIGUIENTES SÍNTOMAS O SIGNOS CONSULTE DE INMEDIATO AL SERVICIO DE URGENCIAS:
SANGRADOS: PUNTOS ROJOS EN LA PIEL (PETEQUIAS) , SANGRADO DE NARIZ Y/O ENCÍAS, VÓMITOS CON SANGRE, HECES COLOREADAS DE NEGRO, MENSTRUACIÓN ABUNDANTE / SANGRADO VAGINAL,

RECONSULTAR SI: VÓMITOS. DOLOR ABDOMINAL ESPONTANEO O

A LA PALPACIÓN DEL ABDOMEN. SOMNOLENCIA, CONFUSIÓN MENTAL, DESMAYOS, CONVULSIONES. MANOS O PIES PÁLIDOS, FRÍOS O HÚMEDOS. DIFICULTAD PARA RESPIRAR

BUSCAR Y ELIMINAR LOS CRIADEROS DE ZANCUDOS EN LA CASA Y SUS ALREDEDORES.

EXAMENES A REALIZAR:
Cuadro hemático completo con
el fin de evaluar leucopenia, Trombocitopenia, hemoglobina y hematocrito, transaminasas (ALT, AST), Tiempos de coagulación (PT, PTT), e IgM dengue (después del 6 dia).
Electrocardiograma en paciente con alteraciones del ritmo cardiaco.

MANEJOS MEDICOS

OBSTRUCCION INTESTINAL

PACIENTE CON SOSPECHA DE OBSTRUCCION INTESTINAL, SE INICIA MANEJO CON LEV PARA MEJORAR LA DEPLECION DE VOLUMEN Y ALTERACIONES METABOLICAS, SONDA NASOGASTRICA, SONDA VESICAL, ANALGSICOS, HEMOGRAMA, IONOGRAMA, GLUCOSA, BUN, CREATININA, AMILASA, PRUEBAS DE COAGULACION, RX DE TORAX, ABDOMEN SIMPLE.

HEMORRGIA DIGESTIVA ALTA:

PACIENTE CON SINTOMAS CARACTERISITICOS DE HEMORRAGIA DIGESTIVA ALTA DADO POR : ..., PLAN: HEMOGRAMA, BUN, CREATINIA, TIEMPOS DE COAGULACION, MANEJO CON OMEPRAZOL 80 MG IV EN BOLO EN SSN 0.9% DE 250 CC, SEGUIR INFUSION CONTINUA DE 80 MG EN 250 Y PASAR A 25 CC HORA, PARA UNA DOSIS DE 8MG/H EN INFUSION CONTINUA. SE INICIA PROCESO DE REMISION-

COLECISTITIS AGUDA

PLAN: HEMOGRAMA, PCR, IONOGRAMA, AMILASA, BUN, CREATININA, RX TORAX Y ABDOMEN PARA DESCARTAR PROCESOS NEUMONICOS, INTRABDOMINALES-
PACIENTE CON CUADRO CLINICO CARACTERISTICO DE COLECISTITIS AGUDA PRESENTANDO: DOLOR ABDOMINAL EN HIPOCONDRIO DERECHO, FIEBRE Y LEUCOCITOSIS, INDICANDO MANEJO URGENTE QUE PUEDE LLEVAR A COMPLICACIONES Y EL MANEJO DEBE SER QUIRURGICO- SE INICIA ATB IV TIPO AMPICILINA SULBACTAM-

PANCREATITIS AGUDA

PACIENTE CON CUADRO CLINICO DE DOLOR ABDOMINAL EN EPIGASTRIO Y EN HIPOCONDRIO DE GRAN INTENSIDAD ASOCIADO A VOMITOS PERSISTENTES DE CARACTERITICAS BILIOSAS, CON TAQUICARDIA-
PLAN: HIDRATACION, ANALGESIA, SE SOLICITA HEMOGRAMA, PCR, AMILASA, LIPASA, LDH, CREATININA, BUN, GASES ARTERIALES, GLUCOSA, UROANALISIS, EKG, RX DE TORAX, RX DE ABDOMEN, IONOGRAMA, CALCIO, GOT, GPT, PROTEINAS TOTALES-
SI PANCREATITIS:
HIDROTERAPIA, ANALGESIA, OXIGENOTERAPIA, SONDA NASOGASTRICA, SONDA VESICAL, ANTIOBITICOS TIPO PIPERAZILINA TAZOBACTAM, REMISION.
CETOACIDOSIS DIABETICA
PACIENTE CON HIPERGLICEMIA, PLAN: HIDRATACION, SE SOLICITA: HEMOGRAMA, PCR, BUN, CREATININA, UROANALISIS, GLUCOSA, GLUCOMETRIA CADA HORA, IONOGRAMA, RX DE TORAX, EKG, GASES ARTERIALES, ALBUMINA, CETONEMIA.

CALCULAR SODIO REAL (NA BAJA 1.6 MEQ X 100 MG/DL GL)
NA REAL CALCULO

SI CETOACIDOSIS

HIDRATACION:
2000 CC SALINA PARA TRES HORAS- SEGUIR ASI: 500 CC CADA HORA
SI SODIO CORREGIDO ELEVADO: UTILIZAR SALINA AL 0.45% A MISMA DOSIS. MANTENER GLUCEMIA POR ENCIMA DE 250 MG/DL CON INSULINA (5-15 UI)

INTOXICACIONES

LOS 10 CRITERIOS DE ADMISIÓN DEL PACIENTE INTOXICADO A UCI.
CONVULSIONES 2. INTUBACIÓN DE EMERGENCIA 3. DEPRESIÓN RESPIRATORIA 4. BLOQUEO AURICULOVENTRICULAR DE II Y III GRADO 5. PRESIÓN SISTÓLICA 6. ESCALA DE COMA GLASGOW 7. NECESIDAD DE DIÁLISIS DE EMERGENCIA 8. ACIDOSIS METABÓLICA DE DIFÍCIL MANEJO 9. EDEMA PULMONAR INDUCIDO POR DROGAS O TOXINAS 10. HIPOKALEMIA SECUNDARIA A INTOXICACIÓN DIGITÁLICA

SINDROME	FC	PA	FR	T	PIEL	PUPILA	PERIST	SUDOR	EKG	EST.MENTAL
ADRENÉRGICO	↑	↑	↑	↑	RUBOR	↑	↑	↑	TAQUICARDIA	AGITACIÓN
SEDANTE	↓	↓	↓	↓	PALIDA	↓ ↑	↓	↓	ARRITMIAS	DEPRESIÓN
OPIOIDES	↓	↓	↓	↓	PALIDA	↓	↓	↑	FWT ARRIY.VENT.	DEPRESIÓN
COLINERGICO	↓	↓	↑	↓	PALIDA	↓	↑	↑	BRADICARDIA QTc	DEPRESIÓN
ANTI-COLINER	↑	↑	↑	↑	RUBOR	↑	↓	↓	TAQUICARDIA	AGITACIÓN
SERONOTONNER	↑	↑	↑	↑	RUBOR	↓	↑	↑	TAQUICARDIA QTc	AGITACIÓN

PRE ECLAMPSIA:

PARA PREVENIR LAS CONVULSIONES ECLÁMPTICAS EL MEDICAMENTO DE ELECCIÓN ES EL SULFATO DE MAGNESIO 4 GR. INTRAVENOSO EN 3-5 MINUTOS SEGUIDO DE UNA INFUSIÓN DE 1 GR/HORA POR 24 HORAS EN CASO DE NO HABER RESPUESTA ADECUADA INCREMENTAR LA DOSIS HASTA 1 GR/ HORA.
MANEJO DE PREECLAMPSIA SEVERA SEGÚN EDAD GESTACIONAL. EN EL MANEJO DE LA PREECLAMPSIA SEVERA POSTPARTO EL MANEJO CONSTA DE: MANTENER DOSIS DE SULFATO DE MAGNESIO DE 0.4 -1 GR./ HORA POR 24 HORAS, AJUSTAR DOSIS DE ANTI-HIPERTENSIVO HASTA NORMALIZAR PRESIÓN ARTERIAL, HIDRATACIÓN PARENTERAL A UNA TASA DE INFUSIÓN DE 100 CC/ HORA, VIGILANCIA ESTRICTA POR 24-48 HORAS, MANTENIENDO UN RITMO DIURÉTICO DE 0.3 A 0.5CC/KG/HR, EXÁMENES DE LABORATORIO CADA 24 HORAS, SI NO HAY UN CONTROL ADECUADO DE LA PRESIÓN ARTERIAL REALIZAR LEGRADO UTERINO INSTRUMENTAL BUSCANDO RESTOS PLACENTARIOS QUE CONDICIONEN PERSISTENCIA DE PREECLAMPSIA Y SI LAS CIFRAS TENSIÓNALES PERSISTEN ELEVADAS MAS ALLÁ DE 12 SEMANAS PENSAR EN HIPERTENSIÓN CRÓNICA Y EMERGENCIA HIPERTENSIVA.

SEPSIS

CRITERIOS DE SEPSIS:
DIGNOSTICO DE SEPSIS: UN PACIENTE CON FOCO IDENTIFICABLE O SOSPECHOSO CON CUALQUIERA DE LAS SIGUIENTES
1.   **FIEBRE MAYOR DE 38 C. O HIPOTERMIA**
2.   **FC MAS DE 90**
3.   **TAQUIPNEA**
4.   **ALTERACION DEL ESTADO MENTAL**
5.   **EDEMA (O BALANCE HIDRICO POSITIVO: ESTA RETENIENDO LIQUIDOS MAS DE 20 ML/ KG PESO EN UN LAPSO O EN UN TIEMPO DE 24 H ORS)**
6.   **HIPERGLICEMICO MAYOR DE 140 EN PACIENTE NO DIABETICOS**
VARIABLES INFLAMATORIAS
7.   **Leucocitosis mayor de 12000**
8.   **Leucopenia menor de 4000**
9.   **Conteo normal de globulos blancos pero con conteo de mas de 10% de células inmaduras. (bandemia por encima del 10%)**
10.   **PCR ELEVADA.**
11.   **Pro calcitonina por encima de los valores normales. (en cuidados intensivos)**
VARIABLES HEMODINAMICAS
12.   **Paciente hipotenso PAS menor de 90, PAD menor de 40. PAM menor de 70.**

La presión arterial media puede ser determinada con la siguiente ecuación:[1]

donde:PAM: Presión arterial media, GC: Gasto cardíaco, RVS: Resistencia vascular sistémica, PVC:Presión venosa central, usualmente despreciable.
Donde PAM: Presión arterial media, PAS: Presión arterial sistólica, PAD: Presión arterial, diastólica. PP es la presión de pulso

HIPOXEMIA: PAFI MENOR DE 300. (PO2/FIO2)
13.   **Oliguria orina de menos de 0.5 ml, kg. Al menos por 2 horas.**
14.   **Aumento de la creatinina basa de más de 0.5.**

ANOMALIA EN LA CUAGULACION
15.   **INR mayor de 1.5**
16.   **ILEUS. (hipoperfusión lecho asplácnico)**
17.   **Trombocitopenia de plaquetas de menos de 100000**
18.   **Hiperbilirrubinemia hígado en sepsis por hipoperfusión.**
HIPOPERFUSION TISULAR
19.   **Ácido láctico por encima de 1.**
20.   **Llenado capilar de más de 2 segundos.**

SEPSIS SEVERA:

1.   Hipotensión severa
2.   Lactato elevado
3.   Gasto urinario bajo
4.   Lesión pulmonar PAFI menor de 200 paciente con neumonía
5.   Pafi menor de 250 paciente sin neumonía
6.   Creatinina mayor de 2
7.   Bilirrubina mayor de 2
8.   Plaquetas menor de 100.000
Sepsis que induce lesión de algunos de estos órganos por hipoperfusión.

OBJETIVOS EN LAS PRIMERAS 6 HORAS:
PVC (8-12) presión venosa central
PAM mayor de 65.
Orina mas de 0.5 ml.kg.hora
$SvcO_2$ mayor de 70%, o saturación venosa de mas de 65, requiere monitorización. N Engl J Med 2001;345-1368-1377

SURVIVING SEPSIS CAMPIGN BONDLES
Primeras 3 horas.
Mido los niveles de lactado (si aumenta esta mal. Si disminuye esta bien la reanimación)
Obtengo hemocultivos
Administro antibióticos
Administro cristaloides 20-30 ml kg
Proximas 6 horas.
Aplique vasopresores.
Mida presión venosa central.
Mida nuevamente el lactato.
Rivers et al. (http://www.nejm.org/doi/pdf/10.1056/NEJMoa010307).

Randomized trial of Protocol-Based Care for Erly Septic Shock
http://www.nejm.org/doi/full/10.1056/NEJMoa1401602

Control del foco infeccioso. Peritonitis. Infección necrotizante de tejidos blandos,

SOPORTE HEMODINAMICO
Cristaloides 30 ml kg en sepsis.
Muchos liquidos se disminuye el aporte de cristaloides y coloco albumina.
Colloids versus crystaloids for fluid resuscitatacion crically ill paciente.

Vasopresores.
Norepinefrina – catéter central.
Epinefrina
Vasopresina a dosis de 0.03 u minuto. Puede adiscionarse a la vasopresina, no se debe utilizar como vasopresor inicial.

VASOPRESORES:
Dopamina opción a norepinefrina en paciente seleccionados: bajo riesgo de taquiarritmias o bradicardia absoluta o relativa.
Dosis bajas de dopaminas no se utiliza p para proteccon rental
Solo en pacientes con buena hidratación previa. Presenta arritmias cardiacas no es alfa 1 puro. Puede estimular beta adrenérgico puede inducir arritmia.
Solo en paciente estructuralente sason.

Inotropicos: disfucion   miocárdica.   Dobutamina en infusión 20 mcg kg.
Minuto monitoreo central.

Hidrocortisona.
Terapia anti trombotica al menos mecánica o con fármacos
Profilaxis para ulteras con anti h2 o inhibidor de bomba

TRANSTORNO HIDRO ELECTROLITICO

HIPONATREMIA

MANEJO DE LA HIPONATREMIA.
SOLUCIONES

AL 3%	513 ME LITRO
AL 0.9%	154 ME L.
AL 0.45%	77 ME L

AGUA COROPORAL TOTAL.

	MENOR 65 AÑOS	MAYOR 65 A
HOMBRE	60,00%	50
MUJER	50	45

Peso por 0.6 hombres.
Peso por 0.5 mujeres
Peso por 0.45 ancianos.

SE PUEDE PASAR A 1 mEq hora.
O se puede pasar a 0.5 mEq/ Hora.
FORMULA
(SODIO DE LA SOLUCION – SODIO DEL PACIENTE) / AGUA COROPORAL TOTAL +1=
DEFICIT DE SODIO TOTAL.

EJEMPLO:
Paciente 70 años con 70 kg , con sodio de 116. mujer
Se utilizara souicon al 3% (513 mEa)
(513 – 116) / (35+ 1) = 11 mEl. El el deficit de sodio.
Por cada litro que le coloco al paciente de solucion salina 3%; coloco 11 mEq.
Por regla general no coloco mas de 12 meq en 24 horas.
Por riezgo de mileniolisis pontica.
1000 cc (3%) ------- 11 mEq/ hora.
X -------------------- 0.5 mEa / hora.
Me da 45 cc hora. . Lo llevo a hiponatremia leve.
Reponer solucion al 3%; 9 ampollas de natrol en 410 cc me da solucion
500 cm solucion salina 0.3; 513 ME LITRO.

MANEJO DE HIPERNATREMIA
Sodio d 170 me. Hombre de 70 años de 70 kg.

SODIO DE LA SOLUCION – SODIO DEL PACIENTE) / AGUA
COROPORAL TOTAL +1=
DEFICIT DE SODIO TOTAL.
Utilizo solucion al 0.45. con 77 mEq.

AL 0.45%	77 ME L

(77 – 170) / (35+ 1) = -2.6 mEl. El el deficit de sodio.
Por cada litro que le coloco al 0.45% ---------- - 2.6 mEq .
                              X --------------- 0,5 mEaq.
Da a 192 cc / horas.
Si coloco dextrosa que tiene 0 % de contenido de miliequivalente e
sodio.

(0 – 170) / (35+ 1) = - 4.7 coloco menos volemia.

Por cada litro que le coloco al 0.45% --------- - 4.7 mEq .
                              X --------------- 0,5 mEaq.
Debo colocar   106 cc hora.

HIPERKALEMIA

LEVE	5 A 5.5.
MODERADA	5.5. A 6
SEVERA	MAS DE 6.

MANEJO
1.   Insulina + DAD.
Insulina cristalinica + 100 c DAD 10 %;
pasar en 30 minutos
2.   BETA 2 INHALADO. 40 a 60 gotas por nebulizacion.
3.   BICARBONATO 1 mEq kg.
4.   RESINAS DE INTERCABIO IONICO. Keyexalalate oral o
rectal.
Sobre de 17 - 22 gramos 1 diluido d unica.
Diluido 200 cc sorbitol.
5.   Diuretico furosemida 40 a   80 mg du. Con diuresis
comprobada.
6.   DIALISIS
7.   Gluconato de calcio estabiliza la membrada del miocardio. Se
usa en hiperkalmia servera ca cuando hay cambios n EKG.
Gluconato ampolla 10% con 10 gramos.
1 a 2 ampollas repetir cada 5 minutos hasta revertir efetos en ekg.
8.   Se realiza control de potasio ada 6 horas.

HIPOKALEMIA:

Leve	3-3.5
Moderada	2.5 – 3

Severa	Menos de 2.5

Composicion corporal 50-55 mEq / kg
Pacietne 60 kg -3000 mEq.
Moderada pierde 300 mEq.
Solo repongo 70% de las perdidas
 210 meq, el resto via o ral.
210 en 24 horas. = 8 meQ hora.
40 meq------500 cc
8 mee ------100 cc
Coloco a 100 cc hora de la solucio preparada con 40 meq en 500 cc hora.
Regla de o ro del ptotasio.
Magnesio: hipomagnesemia:
Normal mas 2.
05-1 2 ampollas
Mas de 1 coloco 1 ampolla.

EVOLUCIONES

EVOLUCION UDT:

PACIENTE QUE INGRESA POR DOLOR TORACICO, MANJEADO CON ASA, SE REALIZA EKG, TROPONINA I RAPIDA Y RX DE TORAX INICIALES NORMALES, SE INTERCONSULTA CON UNIDAD DE DOLOR TORACICO, CARDIOLOGIA, SICOR, CARDIOLOGO INFORMA REALIZAR NUEVO CONTROL DE EKG Y BIOMARCADORES A LAS 6 HORAS, SI HAY CAMBIOS INICIAR PROCESO DE REMISION, SI NO LOS HAY REALIZAR ESTRATIFICACION AMBULATORIA CON PRUEBA DE ESFUERZO O ECO ESTRÉS CON DOBUTAMINA, ACTUALMENTE PACIENTE EN BUENAS CONDICIONES GENERALES, SIN ALTERACIONES HEMODINAMICAS, REFIERE MEJORIA DEL DOLOR, SIGNOS VITALES ANOTADOS. AL EXAMEN FISICO PACIENTE CONCIENTE, ALERTA, ORIENTADO, SIN DEFICIT NEUROLOGICO, FFMM CONSERVADA, NORMO REFLEXICO, PUPILAS ISOCORICAS NORMO REACTIVAS A LA LUZ, CONJUNTIVAS ROSADAS, MUCOSA ORAL HUMEDA, CUELLO MOVIL, SIN SOPLOS, SIN INGURGITACION YUGULAR, RSCSRS, NO SOPLOS, PULMONES CLAROS, VENTILADOS, SIN AGREGADOS, SIN USO DE MUSCULOS ACCSEROIOS, ABDOMEN BLANDO, DEPRESIBLE, NO MASAS, NO MEGALIAS, NO DOLOROSO, NO SIGNOS DE IRRITACION PERITONEAL, EXTREMIDADES EUTROFICAS SIN EDEMAS. PIEL SIN LESIONES, LLENADO CAPILAR INMEDIATO, PULSOS PERIFERICOS PRESENTES. PLAN: CONTROL DE EKG Y TROPONINA I RAPIDA. REPORTE DE TROPONINA I NEGATIVA, EKG CON RITMO SINUSAL, FC: RR REGULAR PR NORMAL, QRS ESTRECHO, SIN ELEVACION DEL ST, SIN SIGNOS ISQUEMICOS, SIN ARRITMIAS. SE EXPLICA A PACIENTE RESULTADO, SE TOMAN DATOS PARA CONTACTAR Y REALIZAR ESTRATIFICACION AMBULATORIA, PACIENTE DICE ENTENDER, PLAN: ALTA CON RECOMENDACIONES. SIGNOS DE ALARMA, REVISION CON MEDICO DE FAMILIA CON REPORTE DE RESULTADOS.

EVOLUCION DOLOR TORACICO NO UDT

PACIENTE QUE INGRESA POR DOLOR TORACICO, MANJEADO CON ASA, SE REALIZA EKG, TROPONINA I RAPIDA Y RX DE TORAX INICIALES NORMALES, SIN ANTECEDENTES CARDIOVASCULARES, SIN RIESGO, CON TIMI BAJO Y BAJA PROBABILIDAD. DOLOR ATIPICO, NO CANDIDATO A PROTOLOCOLO DE DOLOR TORACICO. ACTUALMENTE PACIENTE EN BUENAS CONDICIONES GENERALES, SIN ALTERACIONES HEMODINAMICAS, REFIERE MEJORIA DEL DOLOR, SIGNOS VITALES ANOTADOS. AL EXAMEN FISICO PACIENTE CONCIENTE, ALERTA, ORIENTADO, SIN DEFICIT NEUROLOGICO, FFMM CONSERVADA, NORMO REFLEXICO, PUPILAS ISOCORICAS NORMO REACTIVAS A LA LUZ, CONJUNTIVAS ROSADAS, MUCOSA ORAL HUMEDA, CUELLO MOVIL, SIN SOPLOS, SIN INGURGITACION YUGULAR, RSCSRS, NO SOPLOS, PULMONES CLAROS, VENTILADOS, SIN AGREGADOS, SIN USO DE MUSCULOS ACCSEROIOS, ABDOMEN

BLANDO, DEPRESIBLE, NO MASAS, NO MEGALIAS, NO DOLOROSO, NO
SIGNOS DE IRRITACION PERITONEAL, EXTREMIDADES EUTROFICAS
SIN EDEMAS. PIEL SIN LESIONES, LLENADO CAPILAR INMEDIATO,
PULSOS PERIFERICOS PRESENTES. PLAN: ALTA CON MANEJO
AMBULATORIO, RECOMENDACIONES, SIGNOS DE ALARMA, EXPLICO
A PACIENTE Y FAMILIARES REFIEREN ENTENDER Y ACEPTAR. SE
VALORACION PACIENTE CON MEDICO INTERNISTA DE TURNO QUIEN
AVALA MANEJO Y CONDUCTA.

EVOLUCION APNEDICITIS

PACIENTE QUE INGRESA CON DOLOR ABDOMINAL SUGESTIVO DE
APENDICITIS, AHORA CON PERSISTENCIA DEL DOLOR, AFEBRIL,
HIDRATADO, CON PARACLINICOS QUE MUESTRAN LEUCOCITOSIS
CON NEUTROFILIA, PCR POSITIVA , UROANALISIS NORMAL, AL
EXAMEN FISICO SIGNOS VITALES ANOTADOS. PACIENTE CONCIENTE,
ALERTA, ORIENTADO, SIN DEFICIT NEUROLOGICO, FFMM
CONSERVADA, NORMO REFLEXICO, PUPILAS ISOCORICAS NORMO
REACTIVAS A LA LUZ, CONJUNTIVAS ROSADAS, MUCOSA ORAL
HUMEDA, CUELLO MOVIL, SIN SOPLOS, SIN INGURGITACION
YUGULAR, RSCSRS, NO SOPLOS, PULMONES CLAROS, VENTILADOS,
SIN AGREGADOS, SIN USO DE MUSCULOS ACCSEROIOS, ABDOMEN
BLANDO, DEPRESIBLE, NO MASAS, NO MEGALIAS, DOLOROSO EN
TODO EL AREA ABDOMINAL, CON REACCION DE DEFENSA, CON
SIGNOS DE IRRITACION PERITONEAL DADO POR BLUMBERG, MICRO
BLUMBERG, ROVSIN PSOAS Y TALON POSITIVOS, EXTREMIDADES
EUTROFICAS SIN EDEMAS. PIEL SIN LESIONES, LLENADO CAPILAR
INMEDIATO, PULSOS PERIFERICOS PRESENTES.
ESCALA DE ALVARADO: MIGRACIÓN DEL DOLOR A FOSA ILIACA
DERECHA (1), ANOREXIA (1), NAUSEA / VÓMITOS (1), DOLOR A LA
PALPACIÓN EN FOSA ILIACA DERECHA (2), REBOTE EN FOSA ILIACA
DERECHA (1), FIEBRE >37,5C (1), LEUCOCITOSIS (2), DESVIACIÓN A LA
IZQUIERDA (1) PARA UN TOTAL DE 10 PUNTOS.
PLAN: HIDRATACION, NADA VIA ORAL, ATB IV, COMENTAR A LINEA
DEL PRESTADOR PARA VALORACION POR CX GENERAL. EXPLICO A
PACIENTE Y FAMILIARES REFIEREN ENTENDER Y ACEPTAR.

EVOLUCION CONTINUIDAD APENDICITIS:

PACIENTE CON DIAGNOSTICO DE APENDICITIS, AHORA TRANQUILO
SIN DOLOR AGUDO, SIN PICOS FEBRILES, SIN VOMITOS, SIN DIARREA,
HIDRATADO, SIN VIA ORAL, EN BUENAS CONDICIONES GENERALES,
SIN ALTERACIONES HEMODINAMICAS, SIN SIGNOS DE ALTERACION
NEUROLOGICA, SIN ALTERACIONES CARDIO RESPIRATORIAS, CON
DOLOR ABDOMINAL Y SIGNOS DE IRRITACION PERITONEAL,
PACIENTE QUE HA PASADO ESTABLE, PENDIENTE VALORACION POR
CX GENERAL, SIGUE EN OBSERVACION.

EVOLUCION ASMA

PACIENTE QUE CONSULTA POR CRISIS ASMATICA, EN MANEJO CON NEBULIZACIONES Y ESTEROIDES, AHORA EN BUENAS CONDICIONES GENERALES, CON MEJORIA DEL PATRON RESPIRATORIO, CON DISMINUCION DE LA FRECUENCIA RESPIRATORIA, DISMINUCION DEL USO DE LOS MUSCULOS ACCESORIOS, RESPUESTA ADECUADA AL TRATAMIENTO, SIN REQUERIMIENTOS DE OXIGENO, AL EXAMEN FISICO CON SIGNOS VITALES ANOTADOS, PACIENTE CONCIENTE, ALERTA, ORIENTADO, SIN DEFICIT NEUROLOGICO, FFMM CONSERVADA, NORMO REFLEXICO, PUPILAS ISOCORICAS NORMO REACTIVAS A LA LUZ, CONJUNTIVAS ROSADAS, MUCOSA ORAL HUMEDA, CUELLO MOVIL, SIN SOPLOS, SIN INGURGITACION YUGULAR, RSCSRS, NO SOPLOS, PULMONES CLAROS, VENTILADOS, SIN AGREGADOS, SIN USO DE MUSCULOS ACCSEROIOS, ABDOMEN BLANDO, DEPRESIBLE, NO MASAS, NO MEGALIAS, NO DOLOROSO, NO SIGNOS DE IRRITACION PERITONEAL, EXTREMIDADES EUTROFICAS SIN EDEMAS. PIEL SIN LESIONES, LLENADO CAPILAR INMEDIATO, PULSOS PERIFERICOS PRESENTES. PLAN: ALTA CON AMNEJO AMBULATORIO, CICLO DE ESTEROIDES ORALES, B2 INHALADO, SE EDUCA EN LA REALIZACION DE LOS MISMOS, DEBE TENER REVISION EN 24 A 48 HORAS CON MEDICO DE FAMILIA O POR CITA PRIORITARIA, EL PACIENTE Y FAMILIARES REFIEREN ENTENDER Y ACEPTAN.

ASMA PEDIATRIA:

PACIENTE QUE CONSULTA POR CRISIS ASMATICA, EN MANEJO CON NEBULIZACIONES Y ESTEROIDES, AHORA EN BUENAS CONDICIONES GENERALES, CON MEJORIA DEL PATRON RESPIRATORIO, CON DISMINUCION DE LA FRECUENCIA RESPIRATORIA, DISMINUCION DEL USO DE LOS MUSCULOS ACCESORIOS, RESPUESTA ADECUADA AL TRATAMIENTO, SIN REQUERIMIENTOS DE OXIGENO, AL EXAMEN FISICO CON SIGNOS VITALES ANOTADOS, PACIENTE CONCIENTE, ALERTA, SIN DEFICIT NEUROLOGICO, CONJUNTIVAS ROSADAS, MUCOSA ORAL HUMEDA, CUELLO MOVIL, SIN SOPLOS, RSCSRS, NO SOPLOS, PULMONES CLAROS, VENTILADOS, SIN AGREGADOS, SIN USO DE MUSCULOS ACCSEROIOS, ABDOMEN BLANDO, DEPRESIBLE, NO MASAS, NO MEGALIAS, NO DOLOROSO, NO SIGNOS DE IRRITACION PERITONEAL, EXTREMIDADES EUTROFICAS SIN EDEMAS. PIEL SIN LESIONES, LLENADO CAPILAR INMEDIATO, PULSOS PERIFERICOS PRESENTES. PLAN: ALTA CON AMNEJO AMBULATORIO, CICLO DE ESTEROIDES ORALES, B2 INHALADO, SE EDUCA EN LA REALIZACION DE LOS MISMOS, DEBE TENER REVISION EN 24 A 48 HORAS CON MEDICO DE FAMILIA O POR CITA PRIORITARIA, EL PACIENTE Y FAMILIARES REFIEREN ENTENDER Y ACEPTAN.

VOLUCION ASMA – NO MEJORIA:

PACIENTE QUE CONSULTA POR CRISIS ASMATICA, EN MANEJO CON NEBULIZACIONES Y ESTEROIDES, PACIENTE CON POCA RESPUESTA AL MANEJO CON NEBULIZACIONES, PERSISTIENDO CON SIBILANCIAS Y DIFICULTAD RESPIRATORIA, REFIERE ALGO DE MEJORIA, SIN EMBARAGO AUN PERSISTE CON REQUERIMIENTOS DE OXIGENO. SE CONSIDERA EVOLUCION TORPIDA CON CRITERIO DE MANEJO HOISPITALARIO, NO APTA A SALUD EN CASA POR ANTECEDENTES Y POR REQUERIMIENTOS DE OXIGENO. AL EXAMEN FISICO CON SIGNOS VITALES ANOTADOS, PACIENTE CONCIENTE, ALERTA, ORIENTADO, SIN DEFICIT NEUROLOGICO, FFMM CONSERVADA, NORMO REFLEXICO, PUPILAS ISOCORICAS NORMO REACTIVAS A LA LUZ, CONJUNTIVAS ROSADAS, MUCOSA ORAL HUMEDA, CUELLO MOVIL, SIN SOPLOS, SIN INGURGITACION YUGULAR, RSCSRS, NO SOPLOS, PULMONES HIPOVENTILADOS, CON AGREGADOS RESPIERATORIOS TIPO SIBILANCIAS Y RONCUS, OCASIONALES CREPITOS, CON USO DE MUSCULOS ACCESORIOS, ABDOMEN BLANDO, DEPRESIBLE, NO MASAS, NO MEGALIAS, NO DOLOROSO, NO SIGNOS DE IRRITACION PERITONEAL, EXTREMIDADES EUTROFICAS SIN EDEMAS. PIEL SIN LESIONES, LLENADO CAPILAR INMEDIATO, PULSOS PERIFERICOS PRESENTES. CONTINUA EN OBSERVACION.

PENDIENTE UBICACION

EVOLUCION ASMA+SOBREINFECCION (SALUD EN CASA)
PACIENTE QUE CONSULTA POR CRISIS ASMATICA, EN MANEJO CON NEBULIZACIONES Y ESTEROIDES, CON HEMOGRAMA Y RX DE TORAX QUE MUESTRA PROCESO INFECCION, DX: ASMA SOBREINFECTADA, PACIENTE CON BUENA RESPUESTA MANEJO CON NEBULIZACIONES, EL FAMILIAR INFORMA QUE HA MEJORADO EL PATRON RESPIRATORIO AUNQUE PERSISTE CON SIBILANCIAS Y DIFICULTAD RESPIRATORIA, REFIERE ALGO DE MEJORIA, SIN REQUERIMIENTOS DE OXIGENO. SE CONSIDERA APTA PARA MANEJO EN SALUD EN CASA POR ANTECEDENTES Y POR REQUERIMIENTOS DE OXIGENO. AL EXAMEN FISICO CON SIGNOS VITALES ANOTADOS, PACIENTE CONCIENTE, ALERTA, ORIENTADO, SIN DEFICIT NEUROLOGICO, FFMM CONSERVADA, NORMO REFLEXICO, PUPILAS ISOCORICAS NORMO REACTIVAS A LA LUZ, CONJUNTIVAS ROSADAS, MUCOSA ORAL HUMEDA, CUELLO MOVIL, SIN SOPLOS, SIN INGURGITACION YUGULAR, RSCSRS, NO SOPLOS, PULMONES HIPOVENTILADOS, CON AGREGADOS RESPIERATORIOS TIPO SIBILANCIAS Y RONCUS, OCASIONALES CREPITOS, CON USO DE MUSCULOS ACCESORIOS, ABDOMEN BLANDO, DEPRESIBLE, NO MASAS, NO MEGALIAS, NO DOLOROSO, NO SIGNOS DE IRRITACION PERITONEAL, EXTREMIDADES EUTROFICAS SIN EDEMAS. PIEL SIN LESIONES, LLENADO CAPILAR INMEDIATO, PULSOS PERIFERICOS PRESENTES. CONTINUA EN OBSERVACION.

EVOLUCION ASMA --- OBSERVACION

PACIENTE QUE CONSULTA POR CRISIS ASMATICA, EN MANEJO CON NEBULIZACIONES Y ESTEROIDES, EN OBSERVACION PARA REVALORAR Y DEFINIR MANEJO, NO SIGNOS DE PROCESO INFECCIOSO, AHORA EN BUENAS CONDICIONES GENERALES, SIN ASPECTO TOXICO, CON SIGNOS DE DIFICULTAD RESPIRATORIA CON TENDENCIA A LA MEJORIA, CON OXIGENO A BAJO FLUJO, EL FAMILIAR HA NOTADO MEJORIA, NO HA PRESENTADO VOMITOS NI ACCESOS DE TOS, NO FIEBRE, NO OTROS QUE COMENTAR. AL EXAMEN FISICO SIGNOS VITALES ANOTADOS, DESPIERTA, ALERTA, CONCIENTE, SIN DEFICIT, SIN SIGNOS DE IRRITACION MENINGEA, MUCOSA ORAL HUMEDA, CUELLO MOVIL, SIN ADENOPATIAS, RSCSRS, NO SOPLOS, PULMONES CON RONCUS Y SIBILANCIAS EN AMBOS CAMPOS, CON TIRAJES NO MUY MARCADOS. ABDOMEN SIN MASAS, NO DOLOROSO, SIN LESIONES EN PIEL, LLENADO CAPILAR INMEDIATO, NO EDEMA DE MIEMBROS INFERIORES.

BRONQUIOLITIS CON O2 VSR (+):

PACIENTE QUE CONSULTA POR BRONQUIOLITIS, EN MANEJO CON NEBULIZACIONES Y LAVADOS NASALES, VSR (+), AHORA EN BUENAS CONDICIONES GENERALES, CON MEJORIA DEL PATRON RESPIRATORIO, CON DISMINUCION DE LA FRECUENCIA RESPIRATORIA, DISMINUCION DEL USO DE LOS MUSCULOS ACCESORIOS, RESPUESTA ADECUADA AL TRATAMIENTO, CON REQUERIMIENTOS DE OXIGENO, AL EXAMEN FISICO CON SIGNOS VITALES ANOTADOS, PACIENTE CONCIENTE, ALERTA, SIN DEFICIT NEUROLOGICO, CONJUNTIVAS ROSADAS, MUCOSA ORAL HUMEDA, CUELLO MOVIL, SIN SOPLOS, RSCSRS, NO SOPLOS, PULMONES CLAROS, VENTILADOS, CON AGREGADOS TIPO RONCUS Y SIBILANCIAS, CON LEVE USO DE MUSCULOS ACCSEROIOS, ABDOMEN BLANDO, DEPRESIBLE, NO MASAS, NO MEGALIAS, NO DOLOROSO, NO SIGNOS DE IRRITACION PERITONEAL, EXTREMIDADES EUTROFICAS SIN EDEMAS. PIEL SIN LESIONES, LLENADO CAPILAR INMEDIATO, PULSOS PERIFERICOS PRESENTES.

EVOLUCION CEFALEA

PACIENTE QUE CONSULTA POR CEFALEA SIN BANDERAS ROJAS NI SIGNOS DE ALARMA, REFIERE AHORA MEJORIA DEL DOLOR, DICE SENTIRSE MEJOR, RESPUESTA ADECUADA AL TRATAMIENTO INSTAURADO, AL EXAMEN FISICO SIGNOS VIATALES ANOTADOS. PACIENTE CONCIENTE, ALERTA, ORIENTADO, SIN DEFICIT NEUROLOGICO, FFMM CONSERVADA, NORMO REFLEXICO, PUPILAS ISOCORICAS NORMO REACTIVAS A LA LUZ, CONJUNTIVAS ROSADAS, MUCOSA ORAL HUMEDA, CUELLO MOVIL, SIN SOPLOS, SIN INGURGITACION YUGULAR, RSCSRS, NO SOPLOS, PULMONES CLAROS, VENTILADOS, SIN AGREGADOS, SIN USO DE MUSCULOS ACCSEROIOS, ABDOMEN BLANDO, DEPRESIBLE, NO MASAS, NO

MEGALIAS, NO DOLOROSO, NO SIGNOS DE IRRITACION PERITONEAL, EXTREMIDADES EUTROFICAS SIN EDEMAS. PIEL SIN LESIONES, LLENADO CAPILAR INMEDIATO, PULSOS PERIFERICOS PRESENTES. PLAN: ALTA CON TRATAMIENTO AMBULATORIO, REVISION EN LAS SIGUEINTES 72 HORAS CON EMDICO DE FAMILIA O POR CITA PRIORITARIA, SE EXPLICA A PACIENTE Y A FAMILIARES, DICEN ENTENEDER Y ACEPTAR.

EVOLUCION COLICO RENAL

PACIENTE QUE CONSULTA POR CUADRO SUGESTIVO DE COLICO RENAL, AHORA CON MEJORIA DEL DOLOR, REFIERE SENTIRSE MEJOR, SIN NUEVOS EPISODIOS DOLOROSOS, CON PRUEBAS DE FUNCION RENAL NORMAL, CINTILLA DE ORINA CON SANGRE, NO SIGNOS DE INFECCION, AL EXAMEN FISICO SIGNOS VITALES ANOTADOS. PACIENTE CONCIENTE, ALERTA, ORIENTADO, SIN DEFICIT NEUROLOGICO, FFMM CONSERVADA, NORMO REFLEXICO, PUPILAS ISOCORICAS NORMO REACTIVAS A LA LUZ, CONJUNTIVAS ROSADAS, MUCOSA ORAL HUMEDA, CUELLO MOVIL, SIN SOPLOS, SIN INGURGITACION YUGULAR, RSCSRS, NO SOPLOS, PULMONES CLAROS, VENTILADOS, SIN AGREGADOS, SIN USO DE MUSCULOS ACCSEROIOS, ABDOMEN BLANDO, DEPRESIBLE, NO MASAS, NO MEGALIAS, NO DOLOROSO, NO SIGNOS DE IRRITACION PERITONEAL, EXTREMIDADES EUTROFICAS SIN EDEMAS. PIEL SIN LESIONES, LLENADO CAPILAR INMEDIATO, PULSOS PERIFERICOS PRESENTES. PLAN: MANEJO AMBULATORIO ANALGESICO, REVISION EN 72 HORAS CON MEDICO DE FAMILIA, SIGNOS DE ALARMA, INSTRUCCIONES, RECOMENDACIONES Y RECONSULTAR SI NUEVO EPISODIO DOLOROSO. PACIENTE Y FAMILIARES REFIEREN ENTEDER Y ACEPTAR.

EVOLUCION DENGUE SIN SIGNOS DE ALARMA:

PACIENTE CON CUADRO FEBRIL EXANTEMATICO, EN MANEJO HIDRICO, CON ACETAMINOFEN POR HORARIO, AISLADO CON TOLDILLO, CON HEMOGRAMA QUE MUESTRA LEUCOPENIA Y TROMBOCITOPENIA, DX PROBABLE DENGUE. SIN SANGRADOS ESPONTANEOS, SIN DOLOR ABDOMINAL, AHORA EN BUENAS CONDICIONES GENERALES, TOLERANDO VIA ORAL, SIGNOS VITALES ANOTADOS.ACIENTE CONCIENTE, ALERTA, ORIENTADO, SIN DEFICIT NEUROLOGICO, FFMM CONSERVADA, NORMO REFLEXICO, PUPILAS ISOCORICAS NORMO REACTIVAS A LA LUZ, CONJUNTIVAS ROSADAS, MUCOSA ORAL HUMEDA, CUELLO MOVIL, SIN SOPLOS, SIN INGURGITACION YUGULAR, RSCSRS, NO SOPLOS, PULMONES CLAROS, VENTILADOS, SIN AGREGADOS, SIN USO DE MUSCULOS ACCSEROIOS, ABDOMEN BLANDO, DEPRESIBLE, NO MASAS, NO MEGALIAS, NO DOLOROSO, NO SIGNOS DE IRRITACION PERITONEAL, EXTREMIDADES EUTROFICAS SIN EDEMAS. PIEL CON RASH ERITEMATOSO, DERMOGRAFICO, DE BORDES IRREGULARES, ISLAS

BLANCAS EN MAR ROJO,PRUEBA DEL TORNIQUETE NEGATIVA,
LLENADO CAPILAR INMEDIATO, PULSOS PERIFERICOS PRESENTES.

EVOLUCION DENGUE CON SIGNOS DE ALARMA:

PACIENTE CON CUADRO FEBRIL EXANTEMATICO, EN MANEJO
HIDRICO, CON ACETAMINOFEN POR HORARIO, AISLADO CON
TOLDILLO, CON HEMOGRAMA QUE MUESTRA LEUCOPENIA Y
TROMBOCITOPENIA IMPORTANTE, DX PROBABLE DENGUE CON
SIGNOS DE ALARMA. SIN SANGRADOS ESPONTANEOS, CON DOLOR
ABDOMINAL, AHORA EN BUENAS CONDICIONES GENERALES,
TOLERANDO VIA ORAL, SIGNOS VITALES ANOTADOS.ACIENTE
CONCIENTE, ALERTA, ORIENTADO, SIN DEFICIT NEUROLOGICO,
FFMM CONSERVADA, NORMO REFLEXICO, PUPILAS ISOCORICAS
NORMO REACTIVAS A LA LUZ, CONJUNTIVAS ROSADAS, MUCOSA
ORAL HUMEDA, CUELLO MOVIL, SIN SOPLOS, SIN INGURGITACION
YUGULAR, RSCSRS, NO SOPLOS, PULMONES CLAROS, VENTILADOS,
SIN AGREGADOS, SIN USO DE MUSCULOS ACCSEROIOS, ABDOMEN
BLANDO, DEPRESIBLE, NO MASAS, NO MEGALIAS, NO DOLOROSO, NO
SIGNOS DE IRRITACION PERITONEAL, EXTREMIDADES EUTROFICAS
SIN EDEMAS. PIEL CON RASH ERITEMATOSO, DERMOGRAFICO, DE
BORDES IRREGULARES, ISLAS BLANCAS EN MAR ROJO,PRUEBA DEL
TORNIQUETE POSITIVA, LLENADO CAPILAR INMEDIATO, PULSOS
PERIFERICOS PRESENTES.

EVOLUCION PACIENTES CON DENGUE EN OBSERVACION:

PACIENTE CON DX DE DENGE, EN OBSERVACION POR
TROMBOCITOPENIA, HA PASADO TRANQUILO, EN BUENAS
CONDICIONES GENERALES, SIN VOMITOS, SIN DIARREA, SIN DOLOR
ABDOMINAL AGUDO, SIN SANGRADOS, SIN NUEVOS PICOS FEBRILES,
EN MANEJO HIDRICO, SIN ALTERACIONES HEMODINAMICAS, CON
SIGNOS VITALES ESTABLES, CON MIALGIAS, ARTRALGIAS Y
CEFALEA, CON TOLDILLO, AL EXAMEN FISICO SIGNOS VITALES
ANOTADOS, MUCOSA ORAL HUMEDA, CUELLO SIN ADENOPATIAS,
RSCSRS, NO SOPLOS, PULMONES SIN AGREGADOS, ABDOMEN CON
LEVE DOLOR EN EPIGASTRIO, NO SIGNOS DE IRRITACION
PERITONEAL, LESIONES EN PIEL TIPO EXANTEMA ERITEMATOSO, NO
EDEMA DE MIEMBROS INFERIORES, CON PRUEBA DEL TORNIQUETE
POSITIVA. SIGUE EN OBSERVACION. PLAN A SEGUIR REALIZAR
NUEVO CONTROL DE HEMOGRAMA.

EVOLUCION AMENAZA DE ABORTO:

PACIENTE FEMENINA CON EMBARAZO EN EL PRIMER TRIMESTRE,
CON SANGRADO ESCASO, LEVE DOLOR ABDOMINAL, PENDIENTE
ECOGRAFIA EN HORAS DE LA MAÑANA, EN BUENAS CONDICIONES
GENERALES, SIN ALTERACIONES HEMODINAMICAS, SIN ABDOMEN

AGUDO, SIN ALTERACIONES CARDIORESPIRATORIAS, SIN ALTERACIONES NEUROLOGICAS, HIDRATADA, SIN VOMITOS, SIN SANGRADO ACTIVO ACTUALMENTE, SIGUE EN OBSERVACION.

PACIENTE CON INTOLERANCIA A LA VIA ORAL:

PACIENTE CON DIAGNOSTICO DE CUADRO VIRAL POCA TOLERANCIA A LA VIA ORAL CON REPOSO Y PROTECCION GASTRICA, SIN NUEVOS EPISODIOS EMETICOS, SIN FIEBRE POSTERIOR AL ANTIPIRETICO, CON MEJORIA NOTABLE Y SIGNIFICATIVA, SIN SIGNOS DE DESHIDRATACION. AL EXAMEN FISICO SIGNOS VITALES ANOTATOS, ACTIVO, REACTIVO, MUCOSA ORAL HUMEDA, CUELLO MOVIL, SIN ADENOPATIAS, RSCSRS, NO SOPLOS, PULMONES CLAROS, VENTILADOS, SIN AGREAGDOS, ABDOMEN BLANDO, DEPRESIBLE, NO MASAS, NO DOLOROSO, LLENADO CAPILAR INMEDIATO, NO EDEMAS, PACIENTE CON EVOLUCION SATISFACTORIA, CON BUENA TOLERANCIA ORAL, SE DECIDE ALTA CON MANEJO AMBULATORIO, SE EXPLICA A MADRE ENTIENDE Y ACEPTA.

DOLOR ABDOMINAL POR ENFERMEDAD ACIDO PEPTICA

PACIENTE QUE CONSULTA POR CUADRO DE DOLOR ABDOMINAL SECUNDARIO A ENFERMEDAD ACIDO PEPTICA EN MANEJO CON TTO IV, AHORA SIN ALTERACIONES NEUROLOGICOAS, REFIERE QUE PRESENTA MEJORIA SIGNIFICATIVA DEL DOLOR, SIN DIFICULTAD RESPIRATORIA, EN BUENAS CONDICIONES GENERALES, HIDRATADA, SIN VOMITOS, AL EXAMEN FISICO SIGNOS VITALES ANOTADOS, DESPIERTA, ALERTA, CONCIENTE, ORIENTADA, SIN DEFICIT. PINRAL, CONJUNTIVAS ROSADAS, MUCOSA ORAL HUMEDA, CUELLO MOVIL, SIN ADENOPATIAS, RSCSRS, NO SOPLOS, PULMONES SIN AGREAGDOS, ABDOMEN BLANDO, DEPRESIBLE, NO MASAS, NO MEGALIAS, LEVE DOLOR EN EPIGASTRIO, SIN SIGNOS DE IRRITACION PERITONEAL, NO EDEMAS DE MIEMBROS INFERIOES, LLENADO CAPILAR INMEDIATO, SE DECIDE ALTA CON MANEJO AMBULATORIO, RECOMENDACIONES, SIGNOS DE ALARMA. FAMILIARES ENTIENDEN Y ACEPTAN.

EVOLUCION PACIENTE CON NEUMONIA PEDIATRICO (HOSPITALARIO)

PACIENTE CON DX DE NEUMONIA EN MANEJO CON NEBULIZACIONES Y ATB IV, ESTABLE, SIN ALTERACIONES NEUROLOGICAS, CON BUEN ESTADO DE HIDRATACION, TOLERANDO LA VIA ORAL, HA PASADO ESTABLE Y EN BUENAS CONDICIONES GENERALES, AL EXAMEN FISICO SIGNOS VITALES ANOTADOS, CON SIGNOS DE DIFICULTAD RESPIATORIA, SIN REQUERIMIENTOS DE OXIGENO, DESPIERTO, ALERTA, ACTIVO, REACTIVO, SIN DEFICIT, SIN

SIGNOS DE IRRITACION MENINGEA, CONJUNTIVAS ROSADAS, MUCOSA ORAL HUMEDA, CUELLO MOVIL, SIN ADENOPATIAS. RSCSRS, NO SOPLOS, PULMOES CON HIPOVENTILACION, CON CREPITOS BILATERALES Y RONCUS, CON TIRAJES INTERCOSTALES, ABDOMEN BLANDO, DEPRESIBLE, NO MASAS, NO MEGALIAS, NO DOLOROSO, SIN EDEMA DE EXTREMIDADES, SIN DEFORMIDADES, LLENADO CAPILAR INMEDIATO, PULSOS PERIFERICOS PRESENTES, PIEL SIN LESIONES, SIN ICTERICIA Y SIN HERIDAS. ANALISIS: PACIENTE CON EVOLUCION ESTABLE PERO CON PERSISTENCIA DE TAQUIPNEA, AUNQUE SIN REQUERIMIENTOS DE OXIGENO, NO ES POSIBLE MANEJO POR SALUD EN CASA, POR CONDICIONES DEL PACIENTE REQUIERE MANEJO INTRAHOSPITALARIO. SE INICIA PROCESO DE REMISION CON LINEA DEL PRESTADOR.

IVU SALUD EN CASA

PACIENTE CON IVU, SOSPECHA DE PIELONEFRITIS, CANDIDATA A SALUD EN CASA, AHORA EN BUENAS CONDICIONES GENERALES, SIN FIEBRE, SIN VOMITOS, SIN ALTERACIONES HEMODINAMICAS, AL EXAMEN FISICO SIGNOS VITALES ANOTADOS, DESPIERTA, ALERTA, CONCIENTE ORIENTADA, SIN DEFICIT NEUROLOGICO, FFMM CONSRVEADA, ROT ++, PINRAL, CONJUNTIVAS ROSADAS, OTOSCOPIA NORMAL, MUCOSA ORAL HUMEDA. RSCSRS, NO SOPLOS, SIN GALOPE, SIN DESDOBALMIENTOS. PULMONES CLAROS VENTILADOS, SIN AGREAGDOS PULMONARES, SIN USO DE MUSCULOS ACCESORIOS. PERISTALSIS PRESENTE, BLANDO, DPERIEBSLE, NO MASAS, NO MEGALIAS, LEVEMENTE DOLOROSO EN HIPOGASTRIO Y FLANCO ----------, NO SIGNOS DE IRRITACION PERIOTNEAL.LLENADO CAPILAR INMEDIATO, PULSOS PERIFERICOS PRESENTES, EXTRIMIDADES EUTROFICAS, SIN EDEMA, SIN DEFORMIDADES, PUÑOPERCUSION -------- POSITIVA. SE HACE INGRESO A SALUD EN CASA.

EPOC EXACERBADO SOBRE INFECTADO.

PACIENTE QUE CONSULTA POR CRISIS DE EPOC EXACERBADO, CON SIGNOS DE SOBRE INFECCION, EN MANEJO CON NEBULIZACIONES Y ESTEROIDES, CON HEMOGRAMA Y RX DE TORAX QUE MUESTRA PROCESO INFECCION, PACIENTE CON PARCIAL RESPUESTA MANEJO CON NEBULIZACIONES, EL FAMILIAR INFORMA QUE HA MEJORADO EL PATRON RESPIRATORIO AUNQUE PERSISTE CON SIBILANCIAS Y DIFICULTAD RESPIRATORIA, REFIERE ALGO DE MEJORIA, CON REQUERIMIENTOS DE OXIGENO. AL EXAMEN FISICO CON SIGNOS VITALES ANOTADOS, PACIENTE CONCIENTE, ALERTA, SIN DEFICIT NEUROLOGICO, CONJUNTIVAS ROSADAS, MUCOSA ORAL HUMEDA,

CUELLO MOVIL, SIN SOPLOS, SIN INGURGITACION YUGULAR, RSCSRS, NO SOPLOS, PULMONES HIPOVENTILADOS, CON AGREGADOS RESPIRATORIOS TIPO SIBILANCIAS Y CREPITOS, CON USO DE MUSCULOS ACCESORIOS, ABDOMEN BLANDO, DEPRESIBLE, NO MASAS, NO MEGALIAS, NO DOLOROSO, NO SIGNOS DE IRRITACION PERITONEAL, EXTREMIDADES EUTROFICAS SIN EDEMAS. PIEL SIN LESIONES, LLENADO CAPILAR INMEDIATO, PULSOS PERIFERICOS PRESENTES. CONTINUA EN OBSERVACION.

EPOC EXACERBADO NO MEJORIA

PACIENTE QUE CONSULTA POR CRISIS EPOC EXACERBADO, EN MANEJO CON NEBULIZACIONES Y ESTEROIDES, PACIENTE CON POCA RESPUESTA AL MANEJO CON NEBULIZACIONES, PERSISTIENDO CON SIBILANCIAS Y DIFICULTAD RESPIRATORIA, REFIERE ALGO DE MEJORIA, SIN EMBARAGO AUN PERSISTE CON REQUERIMIENTOS DE OXIGENO. SE CONSIDERA EVOLUCION TORPIDA, AL EXAMEN FISICO CON SIGNOS VITALES ANOTADOS, PACIENTE CONCIENTE, ALERTA, ORIENTADA, SIN DEFICIT NEUROLOGICO, CONJUNTIVAS ROSADAS, MUCOSA ORAL HUMEDA, CUELLO MOVIL, SIN SOPLOS, RSCSRS, NO SOPLOS, PULMONES HIPOVENTILADOS, CON AGREGADOS RESPIRATORIOS TIPO SIBILANCIAS Y RONCUS, OCASIONALES CREPITOS, CON USO DE MUSCULOS ACCESORIOS, ABDOMEN BLANDO, DEPRESIBLE, NO MASAS, NO MEGALIAS, NO DOLOROSO, NO SIGNOS DE IRRITACION PERITONEAL, EXTREMIDADES EUTROFICAS SIN EDEMAS. PIEL SIN LESIONES, LLENADO CAPILAR INMEDIATO, PULSOS PERIFERICOS PRESENTES. CONTINUA EN OBSERVACION.

EPOC EXACERBADO SALUD EN CASA

PACIENTE QUE CONSULTA POR CRISIS DE EPOC EXACERBADO, EN MANEJO CON NEBULIZACIONES Y ESTEROIDES, CON HEMOGRAMA Y RX DE TORAX QUE NO MUESTRA PROCESO INFECCION, PACIENTE CON BUENA RESPUESTA MANEJO CON NEBULIZACIONES, EL FAMILIAR INFORMA QUE HA MEJORADO EL PATRON RESPIRATORIO AUNQUE PERSISTE CON SIBILANCIAS MEJORIA DE LA DIFICULTAD RESPIRATORIA, REFIERE MEJORIA, CON REQUERIMIENTOS DE OXIGENO. AL EXAMEN FISICO CON SIGNOS VITALES ANOTADOS, PACIENTE CONCIENTE, ALERTA, SIN DEFICIT NEUROLOGICO, CONJUNTIVAS ROSADAS, MUCOSA ORAL HUMEDA, CUELLO MOVIL, SIN SOPLOS, SIN INGURGITACION YUGULAR, RSCSRS, NO SOPLOS, PULMONES HIPOVENTILADOS, CON AGREGADOS RESPIRATORIOS TIPO SIBILANCIAS Y CREPITOS, CON LEVE USO DE MUSCULOS ACCESORIOS, ABDOMEN BLANDO, DEPRESIBLE, NO MASAS, NO MEGALIAS, NO DOLOROSO, NO SIGNOS DE IRRITACION PERITONEAL, EXTREMIDADES EUTROFICAS SIN EDEMAS. PIEL SIN LESIONES, LLENADO CAPILAR INMEDIATO, PULSOS PERIFERICOS PRESENTES.

EPOC EXACERBADO EVOLUCION ENTREGA:

PACIENTE QUE CONSULTA POR CRISIS EXACERBADA DE EPOC, EN MANEJO CON NEBULIZACIONES Y ESTEROIDES, EN OBSERVACION PARA REVALORAR Y DEFINIR MANEJO, NO SIGNOS DE PROCESO INFECCIOSO, AHORA EN BUENAS CONDICIONES GENERALES, SIN ASPECTO TOXICO, CON SIGNOS DE DIFICULTAD RESPIRATORIA, CON OXIGENO A BAJO FLUJO, NO HA PRESENTADO FIEBRE, NO OTROS QUE COMENTAR. AL EXAMEN FISICO SIGNOS VITALES ANOTADOS, PACIENTE ALERTA, CONCIENTE, SIN DEFICIT, SIN SIGNOS DE IRRITACION MENINGEA, MUCOSA ORAL HUMEDA, CUELLO MOVIL, SIN ADENOPATIAS, RSCSRS, NO SOPLOS, PULMONES CON RONCUS Y SIBILANCIAS EN AMBOS CAMPOS, CON TIRAJES NO MUY MARCADOS. ABDOMEN SIN MASAS, NO DOLOROSO, SIN LESIONES EN PIEL, LLENADO CAPILAR INMEDIATO, NO EDEMA DE MIEMBROS INFERIORES. SE ENTREGA A MEDICO DE OBSERVACION.

ALTA EN AMBULANCIA ESTABLE

PACIENTE CON DIAGNOSTICO DE: AHORA EN BUENAS CONDICIONES GENERALES, SALE EN AMBULANCIA BASICA EN COMPAÑIA DE FAMILIAR HACIA CLINICA , SIN INESTABILIDAD HEMODINAMICA, SIN ALTERACIONES NEUROLOGICAS, CON SIGNOS VITALES ESTABLES, SIN DIFICULTAD RESPIRATORIA. SE DA ALTA.

RECOMENDACIONES

RECOMENDACIONES VIROSIS

- **TOMAR ABUNDANTES LIQUIDOS**
- **EVITAR CAMBIOS BRUSCOS DE TEMPERATURA Y EXPOSICION PROLONGADA AL FRIO O AL HUMO DEL CIGARRO**
- **REGRSAR POR URGENCIAS SI APARECE BROTE EN EL CUERPO, SANGRADO POR ENCIAS, NARIZ, ORINA O EN LAS DEPOSICIONES, DOLOR ABDOMINAL O DE CABEZA INTENSA QUE NO MEJORA CON ACETAMINOFEN O VOMITOS PERSIETENTES(MAS DE 6 EN 1 HORA), O DISMINUCION DE LA CANTIDAD DE ORINA ELIMINADA EN EL DIA.**

- PARA MANEJO DEL DOLOR Y FIEBRE USAR SOLO ACETAMINOFEN.
- CITA A SU IPS PARA REVISION POR MEDICO DE FAMILIA.

RECOMENDACIONES GRIPA

- TOMAR ABUNDANTES LIQUIDOS
- SI PRESENTA RESPIRACION RAPIDA O RETRACCIONES ACUDIR POR URGENCIAS
- EVITAR CAMBIOS BRUSCOS DE TEMPERATURA Y EXPOSICION PROLONGADA AL
- FRIO.
- EVITAR EXPOSICION A FUMADORES Y A OTRAS FUENTES DE CONTAMINACION
- SI APARECE BROTE EN EL CUERPO, SANGRADO POR ENCIAS, NARIZ, ORINA O EN LAS DEPOSICIONES ACUDIR POR URGENCIAS.
- SON RECOMENDABLES LAS VACUNAS ANTIGRIPAL Y CONTRA EL NEUMOCOCO
- APLICAR SUERO SALINO EN LAS FOSAS NASALES 1/2 CM POR CADA FOSA A PRESION. SE PREPARA CON 4 ONZAS DE AGUA MAS UNA CUCHARADITA DE SAL (QUE TENGA SABOR A LAGRIMA).
- PARA MANEJO DEL DOLOR Y FIEBRE USAR SOLO ACETAMINOFEN (DOLEX, DOLOTRIN, TEMPRA).
- CITA A SU IPS BASICA AMBULATORIAMENTE PARA REVISION POR MEDICO DE FAMILIA.

RECOMENDACIONES ASMA

- SI PRESENTA RESPIRACION RAPIDA O RETRACCIONES INICIE EL ESQUEMA DE SALBUTAMOL PARA ABORTAR LA CRISIS: 2 DISPAROS CADA 10 MINUTOS POR 1 HORA Y CONTINUAR 2 DISPAROS CADA 20 MINUTOS POR 2 HORAS MAS, SI NO MEJORA ACUDA POR URGENCIAS
- EVITE CAMBIOS BRUSCOS DE TEMPERATURA Y EXPOSICION PROLONGADA AL
- FRIO
- EVITE EXPOSICION A FUMADORES Y A OTRAS FUENTES DE CONTAMINACION
- SON RECOMENDABLES LAS VACUNAS ANTIGRIPAL Y CONTRA EL NEUMOCOCO
- SE RECOMIENDA ADEMAS DEPORTE COMO LA NATACION MIENTRAS NO ESTE EN
- CRISIS.
- ABUNDANTE LIQUIDOS ORALES NO FRIOS.

- **CITA A SU ISP BASICA EN 2 DIAS PARA REVISION O ANTES SI NO HA PRESENTADO MEJORIA SIGNIFICATIVA DE LOS SINTOMAS.**
- **EN 7 DIAS DEBE INGRESAR AL PROGRAMA DE RESPIRA**
- **SALBUTAMOL EN CASA ASÍ: 2 PUFF CADA HORA HOY, CADA 2 HORAS MANANA, CADA 3 HORAS EL 3ER DIA, CADA 4 HORAS LOS DIAS 4, 5, 6 Y 7**

RECOMENDACIONES RINITIS

- **EVITAR EXPOSICION A FUMADORES Y A OTRAS FUENTES DE CONTAMINACION**
- **EVITAR CONTACTO CON CORRIENTES DE AIRE FRIA**
- **NO MASCOTAS (PERROS, GATOS, PAJAROS)**
- **EVITAR LEVANTAR POLVO: NO BARRER SINO TRAPEAR, SACUDIR CON TRAPO HUMEDO**
- **EVITAR PELUCHES, CORTINAS GRUESAS, ALFOMBRAS, COJINES Y OBJETOS QUE RETENGAN POLVO EN LA CASA Y ESPECIALMENTE EN LA HABITACION**
- **LAVAR LAS SABANAS 2 VECES POR SEMANA**
- **NO COBIJAS DE LANA SINO DE ALGODON**
- **EVITAR OLORES FUERTES COMO PINTURAS PERFUMES Y QUIMICOS.**
- **ABUNDANTES LIQUIDOS ORALES NO FRIOS.**
- **CITA A SU IPS BASICA AMBULATORIAMENTE PARA REVISION POR MEDICO DE FAMILIA.**
- **REGRESAR POR URGENCIAS SI LOS SINTOMAS EMPEORAN A PESAR DE MEDICACIO.**

RECOMENDACIONES OTITIS

- **EVITAR LA HUMEDAD EN OIDOS**
- **COLOCAR ALGODON CON VASELINA EN OIDO AFECTADO ANTES DEL BAÑO**
- **NO INTRODUCIR OBJETOS NI APLICADORES DENTRO DEL OIDO A MENOS QUE SE LE INDIQUE**
- **NO SUMERGIR LA CABEZA EN AGUA (PISCINAS, CHARCOS, ETC)**
- **NO APLICAR GOTAS, A MENOS QUE SEAN ORDENADAS POR EL MEDICO**
- **EVITAR EL USO DE TETERO.**
- **EVITAR SITUACIONES QUE PRODUSCAN TOS.**
- **DAR MEDICAMENTOS O BENIDAS QUE DISMINUYAN LA TOS SI PRESENTA.**

- CITA A SU IPS PARA REVISION POR MEDICO DE FAMILA DEACUERDO A SU EVOLUCION.
- REGRESAR POR URGENCIAS SI LOS SINTOMAS EMPEORAN A PESAR DE MEDICACION.

RECOMENDACIONES DIARREA

NIÑOS

- EVITE LA BUSCAPINA Y ANTIDIARREICOS (LOMOTIL, IMODIUN, LOPERAM O PANGUETAN).
- AUMENTE LA CANTIDAD DE LIQUIDOS QUE NO SEAN DULCES (YOGUR, SOPAS, JUGOS NATURALES Y SUERO), EVITE LAS GASEOSAS, GATORADE, AGUA O AGUA DE PANELA
- ADMINISTRAR EL SUERO POR CADA DEPOSICION DIARREICA
- CONTINUAR LA DIETA NORMAL
- SI APARECE DEPOSICIONES CON SANGRE, O DESHIDRATACION (OJOS HUNDIDOS, EL NINO NO ES CAPAZ DE BEBER, LA BOCA SECA, LLANTO SIN LAGRIMAS), O CONVULSIONES DEBE CONSULTAR DE INMEDIATO POR URGENCIAS
- SI EL NINO VOMITA ESPERE 10 MINUTOS PARA VOLVER A OFRECER EL SUERO Y DESELO EN CANTIDADES MENORES PERO MAS SEGUIDO
- RECUERDE LAVARSE LAS MANOS ANTES DE PREPARAR LOS ALIMENTOS, ANTES DE ALIMENTAR AL NIÑO Y DESPUES DE DEFECAR, PREPARA HIGIENICAMENTE LOS ALIMENTOS
- LAS DIARREAS VIRALES TIENEN UNA DURACION APROXIMADA DE UNA A DOS SEMANAS.
- REGRESAR POR URGENCIAS SI OBSERVA EN NIÑO CAMBIOS EN EL COMPORTAMIENTO COMO MUCHA SOMNOLIENCIA O IRRITABILIDAD, TODO LO QUE COME LO VOMITA, NO SE PUEDE SOSTENER POR SI SOLO.
- CITA A SU IPS BASICA AMBULATORIAMENTE PARA REVISION POR MEDICO DE FAMILIA.

ADULTO.

- EVITAR BUSCAPINA Y ANTIDIARREICOS (LOMOTIL, PANGUETAN, IMODUIN, LOPERAMIDA)
- AUMENTAR LA CANTIDAD DE LIQUIDOS QUE NO SEAN DULCES (CONSUMA YOGUR, SOPAS, JUGOS NATURALES Y SUERO) EVITE LAS GASEOSAS, GATORADE, AGUA O AGUA DE PANELA
- TOMAR SUERO ORAL POR CADA DEPOSICION

- CONTINUAR LA DIETA NORMAL
- SI APARECE DEPOSICIONES CON SANGRE, DESHIDRATACION, DEBILIDAD GENRALIZADA O EMPEORA, CONSULTE DE INMEDIATO
- LAS DIARREAS VIRALES TIENEN UNA DURACION APROXIMADA DE UNA A DOS SEMANAS.
- CITA A SU IPS AMBULATORIAMENTE PARA REVISION POR MEDICO DE FAMILIA.

RECOMENDACIONES GASTRITIS.

- EVITE LOS ACIDOS, GASEOSAS, BEBIDAS NEGRAS, CAFE, CONDIMENTOS, ALIÑOS, COMIDAS GRASOSAS O IRRITANTES
- COMER SIEMPRE A LA MISMA HORA Y NO DESPUES DE LAS 7 PM, EVITE AYUNOS PROLONGADOS (IDEALMENTE COMER 5 VECES DIA PERO EN POCAS CANTIDADES)
- EVITE EL LICOR Y EL CIGARRILLO
- ANTES DE ACOSTARSE ESPER MINIMO 3 HORAS DESPUES DE LA ULTIMA COMIDA DEL DIA
- DUERMA CON LA CABECERA ELEVADA 10cm DE MEDIO LADO HACIA LA DERECHA PARA EVITAR EL REFLUJO.
- REGRESAR POR URGENCIAS SI EMPEORAN LOS SINTOMAS CON VOMITOS SOLOS O CON SANGRE.
- CITA A SU IPS BASICA PARA REVISION POR MEDICO DE FAMILIA.
-

RECOMENDACIONES COLON IRRITABLE.

- EVITAR: GASEOSAS, GRASAS, SALSAS, ALINOS, PIMIENTA, PIMENTON, COLES, COLIFLORES, REPOLLO Y LEGUMINOSAS (
-
- FRIJOL, GARBANZO, ALVERJAS, LENTEJAS)
- DEJAR AVENA EN HOJUELAS REMOJANDO DURANTE 12 HORASS Y TOMAR UNA O DOS VECES AL DIA
- TOMAR 10 VASOS DE AGUA AL DIA.
- NO AGUANTAR LAS GANAS DE ENTRAR AL BANO
- AUMENTAR EL CONSUMO DE ENSALADA EN LAS COMIDAS Y FRUTAS (EXCEPTO: MANZANA, PERA, BANANO Y GUAYABA)
- CEREAL ALL BRAND EN LAS MANANAS, Y PARVA INTEGRAL.
- CONSUMA FIBRA VIDA O LINASA DE CANADA UNA VEZ AL DIA
- CITA A SU IPS BASICA AMBULATORIAMENTE PARA REVISION POR MEDICO DE FAMILIA.
- REGRESAR POR URGENCIAS SI LOS SINTOMAS EMPEORAN

RECOMENDACIONES INFECCION URINARIAS

- **POR FAVOR TENGA EN CUENTA LAS SIGUIENTES RECOMENDACIONES Y SIGNOS DE ALERTA, EN CASO DE PRESENTAR ALGUNO DE ELLOS, NO DUDE EN REGRESAR A NUESTRA IPS.**
- **PERSISTENCIA O EMPEORAMIENTO DE LOS SÍNTOMAS COMO DOLOR PARA ORINAR, ORINA CON SANGRE, DESEOS DE SEGUIR ORINANDO O DOLOR EN REGIÓN LUMBAR QUE NO MEJORA LUEGO DE 48 HORAS DE TRATAMIENTO.**
- **NAUSEAS Y VÓMITOS PERSISTENTES.**
- **TEMPERATURA MAYOR A 38°C O TEMPERATURA MENOR DE 36°C 48 HORAS POSTERIORES AL INICIO DEL TRATAMIENTO.**
- **DETERIORO DEL ESTADO GENERAL MANIFESTADO COMO DEBILIDAD MARCADA, MALESTAR GENERAL, TRASTORNOS DEL ESTADO DE CONCIENCIA.**
- **PRESIÓN ARTERIAL BAJA.**
- **TOME LIQUIDOS ABUNDANTES**
- **NO SE AGUANTE LAS GANAS DE ORINAR**
- **ORINAR DESPUES DE CADA RELACION SEXUAL**
- **CONSUMIR FRUTAS RICAS EN VITAMINA C (LA GUAYABA Y LA NARANJA)**
- **AL ASEARCE LOS GENITALES HACERLOS DE ADELANTE HACIA ATRÁS**
- **CITA A SU IPS BASICA PARA REVISION POR MEDICO DE FAMILIA DE ACUERDO A SU EVOLUCION**

RECOMENDACIONES LUMBAGO

- **EVITE AGACHARSE SIN FLEXIONAR RODILLAS**
- **NO LEVANTE OBJETOS PESADOS SIN AYUDA**
- **USE CINTURON DE SEGURIDAD SI SU ACTIVIDAD LO REQUIERE.**
- **DUERMA EN COLCHON DURO**
- **ACUESTESE DE LADO CON LAS RODILLAS FLEXIONADAS Y COLOCANDO UNAALMOHADA O COJIN ENTRE LAS PIERNAS**
- **APLIQUESE CALOR HUMEDO LOCAL, COLOCAR COMPRESAS O PANOS DE AGUA TIBIA CON SULFATO DE MAGNESIO (SAL DE INGLATERRA, SAL GLOBER), 3 VECES AL DIA MINIMO**
- **EVITE PERMANECER MUCHO TIEMPO EN UNA MISMA POSICION**
- **HAGA PAUSAS ACTIVAS**
- **EVITE LA OBESIDAD**
- **CITA A SU IPS BASICA AMBULATORIAMENTE PARA REVISION POR MEDICO DE FAMILIA DE ACUERDO A EVOLUCION**

<h1 style="text-align:center">RECOMENDACIONES CEFALEA</h1>

- **IDENTIFICAR SITUACIONES O FACTORES QUE PREDISPONGAN EL DOLOR DE CABEZA Y EVITELOS.**
- **EVITAR AYUNO PROLONGADO.**
- **EVITAR EXPOSICION AL SOL Y AL CALOR.**
- **EVITAR EXCESO DE RUIDOS.**
- **ALGUNOS ALIMENTOS QUE PUEDEN INCREMENTAR O DESENCADENAR LAS CEFALEAS: CARNES FRIAS (MORTADELA, JAMON, SALCHICHAS, CHORIZOS, ETC) CHOCOLATES, ENLATADOS, QUESOS AMARILLOS O FERMENTADOS, BANANO, BEBIDAS OSCURAS (CAFE, TE, COCA-COLA, CHOCOLATE).**
- **EVITAR INGESTA DE LICORES (PRINCIPALMENTE VINOS, LICORES AMARILLOS O FERMENTADOS)**
- **EVITAR EXPOSICION PROLONGADA A TELEVISION.**
- **REGRESAR POR URGENCIAS SI LOS SINTOMAS EMPEORAN**
- **CITA A SU IPS PARA REVISION POR MEDICO DE FAMILIA**

<h1 style="text-align:center">RECOMENDACIONES TEC</h1>

REGRESAR POR URGENCIAS SI:
. NO DESPIERTA FACIL AL LLAMARLO O TOCARLO.
. VOMITA EN FORMA PERSISTENTE
. SE COMPORTA DE MANERA DIFERENTE.
. HABLA INCOHERENCIAS Y NO RESPONDE ADECUADAMENTE.
. PRESENTA PERDIDA DE MOVIMIENTO, PARALISIS O PERDIDA DE LA SENSIBILIDAD DE ALGUNA ZONA DEL CUERPO
. PRESENTA CONVULSIONES O ATAQUES.
. NO RECONOCE FAMILIARES O AMIGOS.
. DIFICULTAD PARA CAMINAR O LEVANTARSE.
. DOLOR DE CABEZA QUE NO MEJORA CON DOLEX O ACETAMINOFEN
. MAREO, VISION BORROSA, DOBLE O CON MANCHAS.
. ESCUCHA RUIDOS COMO ZUMBIDOS, PITOS, TIMBRES, ETC..
. SALIDA SANGRE O LIQUIDO TRANSPARENTE POR OIDOS O NARIZ EN FORMA
PERMANENTE.
CITA A SU IPS PARA REVISION POR MEDICO DE FAMILIA

<h1 style="text-align:center">RECOMENDACIONES UROLITIASIS</h1>

.ABUNDANTE LIQUIDOS ORALES
.CONTINUAR MEDICACION PARA EL DOLOR AUN SI PRESENTARLO.
.REGRESAR POR URGENCIAS SI DISMINUYE EL VOLUMEN DE ORINA DIARIO O PERSISTE EL DOLOR A PESAR DE MEDICACION.
.REGRESAR POR URGENCIAS SI PRESENTA FIEBRE (TOMAR TEMPERATURA CON TERMOMETRO)
.CITA A SU IPS BASICA PARA REVISION POR MEDICO DE FAMILIA

RECOMENDACIONES HTA

. EVITE EL CONSUMO DE GRASAS: CHICHARRON, CARNE GORDA, CARNES FRIAS,
CHORIZOS, EVITE LOS FRITOS (CARNE, PAPAS O PLATANOS) Y NO REUTILICE
MUCHAS VECES EL ACEITE AL COCINAR
. CONSUMA LACTEOS QUE SEAN DESCREMADOS
. CONSUMAR FRUTAS Y LEGUMBRES FRESCAS
. CONSUMA PESCADO O POLLO UNA VEZ POR SEMANA, CONSUMA SOYA Y AVENA
. HAGA EJERCICIO PERIODICAMENTE, COMO MINIMO DE 30 MINUTOS POR CADA
SESION: CAMINAR, MONTAR EN BICICLETA O NATACION ES UNA BUENA OPCION
. EVITE EL LICOR, EL CAFE Y EL CIGARRILLO
. DISMINUYA EL CONSUMO DE LA SAL
. NO CONSUMA NUNCA ANTIGRIPALES, PUES AUMENTAN LA PRESION ARTERIAL

RECOMENDACIONES EMBARAZO

. DISMINUCION O AUSENCIA DE LOS MOVIMIENTOS FETALES.
. PRESENCIA DE FLUJO VAGINAL ANORMAL O CAMBIOS EN LA ORINA.
. SANGRADO VAGINAL.
. SALIDA DE LIQUIDO ESPONTANEAMENTE POR VAGINA.
. CONTRACCIONES ANTES DE TIEMPO.
. VISION BORROSA, DOLOR DE CABEZA, HINCHAZON PRINCIPALMENTE EN
PIERNAS Y BRAZOS QUE NO MEJORA CON REPOSO, PITO EN LOS OIDOS Y DOLOR EN LA BOCA DEL ESTOMAGO (PUEDEN SER SINTOMAS DE PRESION ALTA EN EL EMBARAZO).
. EN CASO DE ALGUNO DE ESTOS SINTOMAS CONSULTAR POR CONSULTA MEDICA NO PROGRAMADA O URGENCIAS DE SU IPS.

RECOMENDACIONES EPOC

- EVITAR EL CONSUMO DE CIGARRILLO O COCINAR CON LEÑA.
- AUMENTAR LA INGESTA DE LÍQUIDO SI NO HAY CONTRAINDICACIÓN MÉDICA PARA ELLO.
- TRATAR DE LEVANTARSE Y NO PERMANECER ACOSTADO (A) MÁS TIEMPO DEL NECESARIO, ESTO EVITARÁ LA FORMACIÓN DE COÁGULOS EN LAS VENAS Y COMPLICACIONES POSTERIORES.
- NO CONSUMIR BEBIDAS HELADAS, NI ALCOHOL.
- EVITAR REALIZAR EJERCICIO FÍSICO INTENSO.

- NO EXPONERSE A CORRIENTES DE AIRE FRÍO O AIRE ACONDICIONADO.

RECONSULTE INMEDIATAMENTE A URGENCIAS SI PRESENTA:

- DIFICULTAR PARA RESPIRAR (ASFIXIA).
- FIEBRE ALTA PERSISTENTE A PESAR DEL TRATAMIENTO ORDENADO.
- DETERIORO O EMPEORAMIENTO DEL ESTADO GENERAL.
- SOMNOLENCIA MARCADA.
- VÓMITO PERSISTENTE.

RECOMENDACIONES ALERGIAS

- SI LOS SINTOMAS PERSISTEN DEBE CONSULTAR A MEDICO DE IPS BASICA.
- SI LOS SINTOMAS EMPEORAN A PESAR DE MEDICACION ORDENADA O PRESENTA DIFCULTAD RESPIRATORIA DEBE CONSLTA POR URGNCIAS.
- TRATAR DE IDENTIFICAR SITUACION O ALERGENOS CAPAZ DE PRODUCIR ESTA REACCION.MPLIR MEDIC
- CUMPLIR MEDICA ORDENADA POR TIEMPO ORDENADO AUN SIN PRESENTAR SINTOMAS

RECOMENDACIONES DOLOR TORACICO

- SI EL DOLOR EMPEORAN CON IRRADIACION A CUELLO, HOMBROS, ESPALDA, NAUSEAS, VOMITOS, SUDORACION FRIA, PALIDO, DIFICULTAD RESPIRATORIA DEBE CONSULTAR A URGENCIAS
- SOLICITAR CITA A MEDICO DE IPS BASICA SEGUN EVOLUCION.
- EVITE ESFUERZOS FISICOS EXAGERADOS.
- TOMAR MEDICACION ORDENADA SEGÚN ORDEN MEDICA
-

RECOMENDACIONES SUTURAS

- LAVADO DIARIA CON AGUA Y JABON (PROTEX).
- SI EN HERIDA PRESENTA ENROJECIMIENTO, CALIENTE, SALIDA DE SANGRE O PUS DEBE CONSULTAR A MEDICO DE IPS BASICA.
- RETIRO DE SUTURA EN 7 DIAS EN IPS BASICA.
- NO APLICAR ISODINE NI TAMPOCO ALHOLO O AGUA OXIGENADA PUES RETRAZAN PROCESO DE CICATRIZACION.
- PUEDE CUBRIR LA HERIDA CON MICROPORO POSTERIOR A CURACION.

- SI AL MOMENTO DE RETIRO DE SUTURA AUN NO CONSIGUE CICATRIZACION COMPLETA DE LA HERIDA DEBE SOLICITAR CITA A MEDICO DE IPS BASICA.

RECOMENDACIONES DOLOR ABDOMINAL.

- SI EL DOLOR EMPEORA CON MUCHO DOLOR ABDOMINAL, CON UBICACIÓN EN LA PARTE BAJA DERECHA DEL ABDOMEN, LIMITACION PARA LA DAMBULACION DEBE CONSULTAR POR URGENCIAS.
- SOLICITAR CITA A MEDICO DE IPS BASICA DEACUERDO A EVOLUCION.
- SI INICIA VOMITOS PERSISTENTES O CON SANGRE, DEPOSICIONES LIQUIDAS CON SANGRE, COLORACION AZUL A CADA LADO DEL ABDOMEN DEBE CONSULTAR DE INMEDIATO POR URGENCIAS.

RECOMENDACIONES VERTIGO

- SOLICITAR CITA A MEDICO DE IPS BASICA DE ACUERDO A EVOLUCION.
- EVITAR COMIDAS GRASOSAS, COMIDAS MUY CONDIMENTADAS.
- SOLICITAR ESTUDIOS COMPLEMENTARIOS POR MEDICO DE IPS BASICA CON EL FIN DE DETERMNAR CAUSA DE SINTOMATOLOGIA.
- TOMAR MEDICACION Y DURANTE EL TIEMPO ORDENADO AUN SIN NO PRESENTA SINTOMATOLOGIA.

TRAUMA.

- APLICAR HILEO LOCAL EN SITIO DE TRAUMAS.
- LUEGO DE 2 DIAS DE APLICAR HIELO COLOCAR COMPRESAS DE AGUA TIBIA CON SAL DE INGLATERRA.
- SI LOS SINTOMAS PERSISTEN DEBE CONSULTAR A MEDICO.
- EVITAR ESFUERZO EXAGERADO DE LOS SITIOS DEL TRAUMA.

RECOMENDACIONES ESGUICES

- HIELO LOCAL EN SITIO AFECTADO POR 2 DIAS.
- APARTIR DEL 3ER DIA COLOCAR CALOR LOCAL.
- ELEVACION DE LA ARTICULACION POR 3 DIAS.
- REPOSO DE LA ARTICULACION.

MOTIVO DE CONSULTA

APENDICITIS:

MC: CUADRO DE INICIO EL DIA
REFIERE DOLOR EN REGION DE HIPOGASTRIO   Y FLANCO DERECHO.
ASOCIADO A NAUCEAS Y VOMITO.
DE INTENSIDAD   8 DE 10. QUE SE IRRADIO A OMBLIGO. MANEJADA
CON ACETAMINOFEN NO CEDIO.
-- CON DOS EPISODIOS DE EMESIS. 2 EL DIA DE AYER.
--- HA TENIDO NAUCECAS COSTANTE.
--- HIPOREXIA. ULTIMO INGESTA ALIMENTICIA EL DIA DEHOY A
LAS 3 A.M.
-- NIEGA DISURIA. NIEGA DOLOR LUMBAR.
-- HA SIDO MANEJADA EN EL SERVICOI CON ANALGESICOS IV. PERO
NO MEJORA EL DOLOR Y REFIERE QUE SE INSTAURO EN FOSA
ILIACA DERECHA   Y PUNTO DE MACBURNE EL DOLOR DE
INTENSIASD DE 9 DE 10.   SE INCREMENTA AL CAMINAR.
NO DIARREA. ULTIMA DEPOSICION HACEN 2 DIAS. .. NO FIEBRE.

ANTECEDENTES:

LUGAR DE RESIDENCIA: MEDELLIN

- PATOLOGICOS:( )

- ALERGICOS (NO REFIERE)

- QUIRURGICOS:(NO REFIERE.)

- TRAUMATICOS:(NO REFIERE)

- FX(NO RELATA)

- TOXICOLOGICOS: (NO REFIERE.)

- DEPORTE:(NO RELATA)..

FUM NO A MESTRUADO.
- TRANSFUSIONES: (NINGUNA) ;
PAI COMPLETA.. ..
 GRUPO SANGUINEO A+.
 - A. FAMILIARES: HTA (HTA.) EPOC(NIEGA), DM(NIEGA),
CANCER(NIEGA), OTROS(NIEGA),

FAMILIARES: HERMANA CON   AGENESIA RENAL.

SUBJETIVO:

- REFIERE CONTINUACON EL DOLOR   APESAR DE LOS ANALGESICOS.

LA MADRE REFIERE QUE   EL DOLOR ES INTERMITENTE Y DISMINUYE LA INTENSIDAD , PERO NO SE LE QUITA DEL TODO.

- OBJETIVO: CC MUCOSAS HUMEDAS CONJUNTIVAS ROSADAS, NO RINORREA HIALINA.

- CP RUIDOS CARDIACOS RITMICOS, NO SOPLOS.

- PULMONES: RUIDOS NORMALES. LEVES RETRACCIONES SUBCOSTALES. POLIPNEICA.

- ABDOMEN: NORMO CONFIGURADO. NO EQUIMOSIS. NO CIRCULACION COLATERAL. NO CICATRICES. TIENE   DOLOR A LA PALPACION EN CUADRANTE INFERIOR DERECHO CON   SIGNO DE MACBURNE POSITIVO. PSOAS POSITIVO. CHOQUE DE TALON POSITIVO. BLUMBERG POSITIVO.
PUÑOPERCUSIÓN NEFROGENICA NEGATIVA.

- EXTREMIDADES: NO EDEMAS.
- NEUROLOGICO: NO DEFICIT
- VASCULAR LLENADO CAPILAR DE MENOS DE 2 SEGUNDOS.
- GLASGOW DE 15 DE 15.
PARACLINICOS:
CUADRO HEMATICO.

ANALISIS: PACIENTE CON DX. DE DOLOR ABDOMINAL CON SIGNOS DE APENDICITIS:
SIGNOS DE APENDICITIS:

ALVARADO
DOLOR EN CUDRANTE INFERIOR DERECHO (2 PUNTOS);

SIGNO D BLUMBERG POSITIVO (1 PUNTO);

MIGRACIÓN DEL DOLOR (1 PUNTO);

NÁUCEAS O VÓMITO (1 PUNTO);

ANOREXIA (1 PUNTO);

TEMPEATURA ORAL SUPERIOR A 37.2 °C (1 PUNTO);

RECUENTO DE LEUCOCITOS MAYOR DE 10.000 (2 PUNTOS);

NEUTROFILIA MAYOR DE 70 % (1 PUNTO);

PUNTAJE DE ALVARADO DE (PUNTOS)

TABLA 1

Criterios de la escala diagnóstica de Alvarado

Criterios de evaluación de la escala diagnóstica de Alvarado	
Criterio	Valor
Dolor en cuadrante inferior derecho	2
Signo de Blumberg positivo	1
Migración del dolor	1
Náuseas o vómito	1
Anorexia	1
Temperatura oral superior a 37,2 °C	1
Recuento de leucocitos mayor de 10.000 por mm^3	2
Neutrofilia mayor de 70 %	1
Criterios de decisión de la escala diagnóstica de Alvarado	
Decisión	Puntaje
Negativo para apendicitis	0-4
Posible apendicitis	5-6
Probable apendicitis	7-8
Apendicitis	9-10

Fuente: Beltrán M, Villar R, Tapia TF. Score diagnóstico de apendicitis: Estudio prospectivo, doble ciego, no aleatorio. Revista Chilena de Cirugía. 2004;56:550-7.

POR LO QUE SE SOLICITA APOYO CON CIRUGIA GENERAL
PACIENTE PESA   59 KG.. MIDE 1.45..
AHORA CONTINUA CON DOLOR A PESAR DEL TRATAMIENTO
MEDICO CON ANALGESICOS.
PEDIATRA DEL SERVICIO SOLICITA REMISION A NIVEL SUEPRIOR.

MOTIVOS DE CONSULTA MAS FRECUENTES

1   COLICO RENAL:

PACIENTE - CON CUADRO DE DOLOR ABDOMINAL DE HORAS DE EVOLUCION, TIPO CÓLICO, DE INICIO SUBITO EN LA REGION LUMBAR - QUE SE IRRADIA HACIA LA ZONA ABDOMINAL IPSILATERAL, HIPOGASTRIO Y REGION INGUINAL, DE INTENSIDADE MODERADA A ALTA, ASOCIADO A SINTOMAS IRRITATIVO URINARIOS, TIPO DISURIA, HEMATURIA, PARA LO CUAL HA TOMADO ANALGESICOS CON POCA RESPUESTA POR LO CUAL CONSULTA.- REFIERE ESTE ES EL EPISODIO NUMERO. AP DE LITIASIS RENAL, - CONSULTAS POR URGENCIAS PREVIAS. ESTUDIOS PARA TAL-.

2   CEFALEA

PACIENTE - CON CUADRO DE CEFALEA QUE INICIA HACE APROXIMADAMENTE - DADO POR CEFALEA DE TIPO - LOCALIZADA EN - ASOCIADO A - PARA LA CUAL HA TOMADO ANALGESICOS TIPO- REFIERE EL DOLOR MEJORA PARCIALMENTE POR LO CUAL CONSULTA, FOTOFOBIA: , FONOFOBIA: , VISIÓN BORROSA: , EPISODIOS PREVIOS SIMILARES: , EL PEOR DOLOR DE SU VIDA: , TIENE ESTUDIOS PREVIOS POR CEFALEA: .

3   ACC TRANSITO

MC REFIERE EL DIA DE AYER 6/08/2017 IBA CONDUCCIENDO SU MOTOCICLETA POR LA TRANSVERSAL IINTERMEDIA CON LA LOMA DEL ESMERALDAL, A ASL 20:00 HORAS   AL FRENAR SU MOTOCICLETA SUFRE CAIDA EN CALIDAD DE CONDUCTOR. CON TRAUMATISMO EN MUÑECA IZQUIERDA Y RODILLA DERECHA. REFIER EN EL MOMENTO DOLOR INTENSO A LA PALPACION Y MOVILIZACION DE MUÑECA IZQUEIRDA. REFIERE QUE TIENE LEVE EDEMA EN MUÑECA.
ADEMAS DE LASCERACION EN RODILLA DERECHA.

4   DIARREA:

CUADRO DE DIARREA ACUOSA.
INICIO EL DIA DE AYER.
CON DEPOSICIONES NUMERO: 10 DESDE LA MADRUGADA DE HOY.
VOUMEN: ABUNDANTES. LIQUIDAS.
NIEGA SANGRE, NIEGA MOCO NIEGA PUS,
REFIERE DOLOR ABDOMINAL TIPO COLICO, DE INTENSIDAD E 7 DE 10;
REFIRE EMESIS DE CONTENIDO ALIMENTICIO; NO TOLERA LA VIA ORAL.

NIEGA OLIGURIA, NIEGA SED , NIEGA SINTOMAS NEUROLOGICOS.
NIEGA FIEBRE.

5   GRIPA:

PACIENTE CON CUADRO DE INICIO EL DIA 4   JUNIO.
QUE HA EVOLUICONADO CON RINORREA HIALINA. MALESTAR
GENERAL.
TOS PERSISTNETE QUE SE ASOCIA A EMESIS DE DE CONTENIDO DE
FLEMAS.
REFIERE QUE ESTE CUADRO SE HA VENIDO INCREMENTANDO
DESDE EL DIA DE AYER. Y LA TOS HA SINDO MAS PERSISTENTE,
NIEGA FIEBRE. NIEGA CIANOSIS.

6   MC: DIARREA

EA: PACIENTE QUE CONSULTA POR CUADRO DE DIAREA LIQUIDA, NO
DISENTERICA, CON NASUEAS Y VOMITOS, MALESTAR GENERAL,
ASTENIA,ADINAMIA, MIALGIAS ARTRALGIAS. REFIRE QUE ESTE
CUADRO INCIO HACEN 5 DIAS.
ASOCIADO A DOLOR ABDOMINAL TIPO COLICO, MALESTAR
GENERAL. NAUCEAS. ESCALOSFRIOS.
NIEGA OTRO CUADRO AOSCIADO.

AHORA SIN SIGNOS DE ALARMA, SIN DESHIDRATACION, SIN
ABDOMEN AGUDO, DEBE ACUDIR A IPS BASICA Y SOLICITAR CITA
PRIORITARIA.

7   MC: FIEBRE Y MALESTAR GENERAL

EA: PACIENTE CON CUADRO DE FIEBRE, MALESTAR GENERAL,
ASTENIA, ADINAMIA, MIALGIAS, ARTRALGIAS, CEFALEA,
CONGESTION NASAL, TOS, RINORREA HIALINA, AHORA PACIENTE
CON SIGNOS VITALES ESTABLES, SIN DIFICULTAD RESPIRATORIA,
SIN AGREGADOS PULMONARES, SIN SIGNOS DE ALARMA, DEBE
ACUDIR A IPS BASICA Y SOLICITAR CITA PRIORITARIA.

8   MC: CEFALEA

EA: PACIENTE CON CUADRO DE CEFALEA, ASOCIADO A MAREOS,
MALESTAR GENERAL, NAUSEAS, AL EXAMEN FISICO SIN
ALTERACIONES DE LA CONCIENCIA, SIN ALTERACIONES DEL
SENSORIO, CON FFMM CONSERVADA, PUPILAS ISOCORICAS NORMO
REACTIVAS A LA LUZ, HIDRATADA, SIN SIGNOS DE BANDERA ROJA,
SIN SIGNOS DE ALARMA. DEBE ACUDIR A IPS BASICA Y SOLICITAR
CITA PRIORITARIA.

9   MC: DOLOR LUMBAR

EA: PACIENTE QUE CONSULTA POR CUADRO DE DOLOR EN REGION
LUMBAR, QUE LIMITA LOS MOVIMIENTOS DEL TRONCO, AL EXAMEN
FISICO MARCHA ESPONTANEA, SIN APOYO, SIN SIGNOS DE
RADICULOPATIA, SIN DEFORMIDADES EN LA ZONA DEL DOLOR,
NIEGA TRAUMAS RECIENTES. DEBE ACUDIR A IPS BASICA Y

SOLICITAR CITA PRIORITARIA.

10   MC: OJO ROJO.

EA: PACIENTE CON CUADRO DE UN DIA DE EVOLUCION DADO POR OJO ROJO, SECRECION SEROSA OCULAR, SENSACION CUERPO EXTRAÑO, MOLESTIA Y PRURITO OCULAR, SIN LESIONES CORNEALES, CON ERITEMA CONJUNTIVAL, SIN ALTERACIONES DE LA AGUDEZA VISUAL, MOVIMIENTOS OCULARES CONSERVADOS. DEBE ACUDIR A IPS BASICA Y SOLICITAR CITA PRIORITARIA.

11   MC: ODINOFAGIA

EA: PACIENTE QUE CONSULTA POR CUADRO DE ODINOFAGIA, FIEBRE, MALESTAR GENERAL, ASTENIA, ADINAMIA, MIALGIAS, ARTRALGIAS, CON DIFICULTAD PARA LA INGESTA DE ALIMENTOS, AL EXAMEN FISICO CON EDEMA, ERITEMA Y PLACAS DE EXUDADO AMIGDALINO, SIN SIGNOS DE ALARMA, SIN SIGNOS DE ABSCESO, DEBE ACUDIR A IPS BASICA Y SOLICITAR CITA PRIORITARIA-

12   MC: MAREOS

EA: PACIENTE CON CUADRO DE MAREOS, CON ILUSION CINETICA DEL ENTORNO, CON NAUSEAS, NO DOLOR EN EL TORAX, OCASIONA VOMITOS, NO ALTERACIONES NUEROLOGICAS, NO ROMBERG, NO ATAXIA, NO SIGNOS DE ALTERACION O DEFICIT DEL SENSORIO,DEBE ACUDIR A IPS BASICA.

13   CEFALEA:

PACIENTE DE 20 AÑOS DE EDAD, SIN AP DE IMPORTANCIA, AHORA CON CUADRO DE MIGRAÑA, EN EL MOMENTO AFEBRIL, NO DEFICIT NEUROLOGICO, NO FOCALIZACION, GLASGOW 15/15, NO OTROS HALLAZGOS.SE DEJA FORMULA AMBULATORIA, RECOMENDACIONES, SIGNOS DE ALARMA. CITA EN 48 HORAS REVISION EN IPS BASICA.

14   NOTA DE PROCEDIMIENTO:

 SE PASA PACIENTE PARA SALA DE CURACIONES, PREVIO LAVADO DE HERIDA, SE INFILTRAN BORDES CON 3 CC DE LIDOCAINA 2% SIN EPINEFRINA, SE SUTURA CON CORPALON 5-0, CON TRES PUNTOS SIMPLES SEPARADOS, QUEDA HERIDA CON BORDES AFRONTADOS SIN SANGRADO. PROCEDIMIENTO SIN COMPLICACIONES. SE PROCEDE A DAR EL ALTA SE DEJA FORMULA ANALGESICA, RECOMENDACIONES YS IGNOS DE ALARMA, RETIRO DE PUNTOS EN UNA SEMANA.

EN BUENAS CONDICIONES GENERALES, SIN DESHIDRATACION, SIN ABDOMEN AGUDO, SIN SDR, SIN ALTERACIONES RESPIRATORIAS SE DA FORMULA RECOMENDACIONES, SIN ALTERACIONES NEUROLOGICAS,SIGNOS DE ALARMA E INCAPACIDAD. SE EXPLICA ENTIENDE Y ACEPTA-

15 IRA NIÑOS

JUANITA, 2 MESES EDAD CRONOLOGICA, 17 DIAS DE EDAD
CORREGIDA
ACOMPAÑANTE: LOS PADRES

CUADRO CLINICO DE 2 DIAS DE EVOLUCION DE CONGESTION NASAL,
TOS SECA NO EMETIZANTE NO CIANOSANTE, FIEBRE SUBJETIVA
AYER LE APLICARON LAS VACUNAS
HOY CON DIFICULTAD RESPIRATORIA

NEXO DE CONTAGIO: HERMANA DE 2 AÑOS CON SINTOMAS
GRIPALES

16 ASMA:

TIEMPO DE INICIO DE LOS SINTOMAS: HACE 1 MES.
MEDICAMENTOS QUE VENIA RECIBIENDO: SALBUTAMOL
INHALADORES, PERO AUTOMEDICADOS, NO VA A CITA MEDICA.
MANEJO INICIAL EN HOGAR: BETA DOS.
DESENCADENANTE DE LA CRISIS: NO REFIERE.
ANTECEDENTES DE CRISIS PREVIAS: REFIERE QUE DESDE HACE 6
MESES VIENE PRESENTANDO LAS CRISIS.
RESPUESTAS AL TRATAMIENTO: NO RESPONDE AL TRATAMIENTO A
PESAR DEL MANEJO FRECUENTE CON BETA DOS.
FACTORES DE RIESGO:
Historia de súbitas y severas exacerbaciones: SOLO EN LOS ULTIMOS TRES
MESES HA TENIDO EPISODIOS DE CRISIS.

 Antecedente de intubación por asma: NO REFIERE.

Antecedente de ingreso a UCI por asma, con o sin intubación: no refiere.

Dos o más hospitalizaciones en el año anterior: Solo manejo por urgencias.
Tres o más visitas al servicio de urgencias por asma en el último año: no refiere.

Hospitalización o visita a urgencias por asma en el último mes: SI. REFIERE
QUE HACE UN MES ESTUBO CON CRISIS.

Uso de más de dos dispensadores de IDM de B2 de corta acción por mes: SI.

Uso continuo de esteroides sistémicos o inicio reciente de ciclo de esteroides
sistémico: NO REFIERE.

Poca percepción de severidad o de dificultad respiratoria: AHORA REFIERE
DISNEA MODERADA.

Comorbilidad, tal como enfermedad cardíaca u otra patología pulmonar: NO
REFIERE.

Enfermedad psiquiátrica o problema psicosocial: NO REFIERE.

Bajo nivel socioeconómico y residencia en área urbana: NO DOCENTE Y ASESORA DE INGLES.

EXAMEN FISICO:

Frecuencia cardíaca:
 Tolerancia a la alimentación:

Frecuencia respiratoria:

Tolerancia al ejercicio:

Uso de músculos accesorios:

Estado de conciencia:

Sibilancias espiratorias y/o inspiratorias:

Cianosis o palidez:

Dificultad o no para hablar:

Saturación de oxígeno:

OTROS:
TTO H PILORY
BISMUTO. METRO. TRETRACICLINA.
280 MG BISMUTO. 6. N
BP 6 H.
250 MG METRONIDAZOL CADA 6.

 LEVOFLOXACINA SI NO RESPONDE.
RESISTENCIA POR MAS DE 15%
BISMUTO BISMAC

EVOLUICON MEDICINA INTERNA

PA: 180 / 90 mmHg, FC: 104 / Min, FR: 22 / Min, SaO2: 93 % Paciente en buen estado general, conciente, orientado. Alerta, sin déficit motor ni sensitivo, no signos de focalización, no cursa con alteración en pares craneales, no signos meníngeos, Glasgow 15/15. Normocéfalo, conjuntivas rosadas, escleras anictéricas, pupilas isocoricas, normoreactivas, mucosa oral húmeda, amígdalas sin eritema ni exudados, no escurrimiento posterior. Otoscopia bilateral sin alteraciones. Cuello sin adenomegálias en cadenas cervicales posteriores ni supraclaviculares, no bocio, no soplo carotídeo. Tórax con expansión simétrica, no signos de dificultad respiratoria. Ruidos cardíacos rítmicos, no ausculto soplos, murmullo vesicular conservado en ambos campos pulmonares, sin sobreagregados. Abdomen blando, no doloroso a la palpación, no signos de irritación peritoneal, no palpo masas ni organomegalias, peristaltismo presente. Extremidades móviles, sin edemas. Adecuada perfusión distal, llenado capilar menor a 2 segs, pulsos simétricos. Genitourinario no evaluado.

A: Aparición del dolor, lo mas usual es dividirlo en agudo, subagudo y cronico

L: Localización: que parte es la que duele, si es el brazo, cabeza, abdomen, y puedes especificar más el area, articulacion glenohumeral, region occipital del craneo, hipocondrio derecho.

I, Irradiación, si el dolor de estar en un sitio, se "mueve a otro" por ejemplo en el infarto, el dolor inicia en el pecho pero puede despues sentirse en la mandibula o el brazo izquierdos

C, Caracteristicas, hay varios tipos de dolor, estos si tienes que estudiarlos como son, si es dolor quemante, punzante, te paso un link de los tipos de dolor

I, Intensidad, lo mas usado es la Escala Visual Analoga del dolor (EVA), donde le pides al paciente que te diga del 1 al 10 cuanto le duele, siendo 10 el dolor mas fuerte que haya sentido y 1 el mas leve

A, Alivio, si se alivia en ciertos casos, por ejemplo algunos dolores se alivian si uno toma cierta posición, o si ha tomado algun analgesico y le ha logrado quitar el dolor, esto ayuda a ver si el dolor es por alguna causa grave que no se alivia con analgesicos

ALTA MEDICA

NOTA DE ALTA MEDICA (SIEMPRE NUNCA DEBE FALTAR)
PERIODICIDAD: AL ALTA DE UN PACIENTE EN OBSERVACION O REMITIDO
QUE DEBE CONTENER

EJEMPLO

PACIENTE SALE CONCIENTE, ORIENTADO, HEMODINAMICAMENTE ESTABLE, TOLERANDO VIA ORAL, NO HA PRESENTADO NUEVAMENTE DOLOR.

HACIA DONDE SALE EL PCTE:

1. SALE REMITIDO PARA CLINICA (SOMA, ROSARIO, ETC) PARA VALORACION POR ESPECIALISTA (PEDIATRIA, MEDICINA INTERNA, ETC) O MANEJO HOSPITALARIO

2. SALE PARA SALUD ENCASA
CON QUIEN SALE EL PCTE:

1. SALE EN COMPAÑÍA DE FAMILIAR (ESPOSO, HERMANO, MADRE, ETC...)
2. SALE SOLO
EN QUE SALE EL PCTE:

1. SALE EN AMBULANCIA (BASICA, MEDICALIZADA)

2. SALE POR SUS MEDIOS

SIGNOS VITALES COMPLETOS TA: 100/60 - FC: 76 - FR: 18 - SPO2: 89% AL AMBIENTE Y 95% A 3 LITROS /MIN

APP

Establecer edad gestacional,caracteristica inicio y duración de contracciones,coomorbilidad, AP relacionados, Caracteristicas del dolor, flujo vaginal,fiebre,…otros sintomas importanes.Recuerde que debe tener embarazo >24 y<36+6,Actividad uterina más de 4 en 20 min,Cambios cervicales: dilatación >=2 cm,Longitud=<2cm

SV, altura uterina,posición fetal, FCF,actividad uterina,explore genitales, TV y/o especuloscopia,describir edemas.

HLG, DyG flujo, Cit de Orina, Urocultivo,PCR, Eco obstetrica (Estas ayudas son opcionales y son de acuerdo al criterio médico)

Dinámica uterina normal sin cambios cervicales: se descarta APP alta. Dinámica uterina anormal, con cambios cervicales: uteroinhibicion de ataque, maduración pulmonar, remisión.Dinámica uterina normal con cambios cervicales:Reposo, LEV,nifedipina 10 mg cada 20 min, hasta 40 mg,maduración pulmonar , evaluación cada 30 minutos. Dinamica uterina anormal, sin cambios cervicales: Idem al anterior.si hay mejoria continuar tratamiento ambulatorio , sino observación 6 horas y remision.

Nifedipina 10 mh cada 6 por 48-72 horas, Betametasona 12 mg ya y en 48 hrs.

SYS de alarma, revisión en IPS Basica en 24-48 hrs

CEFALEA

PACIENTE CON CUADRO DE INICIO EL DIA DE AYER.
CEFALEA FRONTAL
INTENSDIDAD DE 4 DE 10;
REFIRE QUE NO CEDE AL PESAR DEL TRATAMIENTO CON ANALGESICOS ORALES.
NIEGA IRRADIACION DEL DOLOR,
NIEGA SENSACION DE FOTOPSIA
NIEGA OTRO CUADRO ASOCIADO.
NIEGA DISARTRIA. NIEGA DOLOR CERVICAL. NIEGA FIEBRE.

DOLOR EN EL PECHO.

SE EVALUA PROTOCOLO DEFINIR:
Duración del dolor de mas de 20 minutos.. N empeora con la actividad físca... Creciente el dolor en frecuencia, de Intensidad de 4 de 10,
En nivel retro externa, opresivo no irradiado a cuello, menton o brazos, No refiere diaforesis, niega nauceas, niega vómito, niega taquicardia..

APP

Establecer edad gestacional,caracteristica inicio y duración de contracciones,coomorbilidad, AP relacionados, Caracteristicas del dolor, flujo vaginal,fiebre,…otros sintomas importanes.Recuerde que debe tener embarazo >24 y<36+6,Actividad uterina más de 4 en 20 min,Cambios cervicales: dilatación >=2 cm,Longitud=<2cm
SV, altura uterina,posición fetal, FCF,actividad uterina,explore genitales, TV y/o especuloscopia,describir edemas.
HLG, DyG flujo, Cit de Orina, Urocultivo,PCR, Eco obstetrica (Estas ayudas son opcionales y son de acuerdo al criterio médico)
Dinámica uterina normal sin cambios cervicales: se descarta APP alta. Dinámica uterina anormal, con cambios cervicales: uteroinhibicion de ataque, maduración pulmonar, remisión.Dinámica uterina normal con cambios cervicales:Reposo, LEV,nifedipina 10 mg cada 20 min, hasta 40 mg,maduración pulmonar , evaluación cada 30 minutos. Dinamica uterina anormal, sin cambios cervicales: Idem al anterior.si hay mejoria continuar tratamiento ambulatorio , sino observación 6 horas y remision.
Nifedipina 10 mh cada 6 por 48-72 horas, Betametasona 12 mg ya y en 48 hrs.
SYS de alarma, revisión en IPS Basica en 24-48 hrs.

ALERGIA
- SIGNOS DE ALARMA: FIEBRE, DIFICULTAD PARA TRAGAR, DOLOR PARA TRAGAR, DISFONIA, RESPIRA DURO, DIFICULTAD PARA RESPIRAR, DOLOR ABDOMINAL, AUMENTO DE LAS LESIONES, NO MEJORIA, NUEVOS SINTOMAS.
- SOLICITAR CITA EN SU IPS BASICA EN 48 HORAS PARA REVISIÓN Y SEGUIMIENTO.
- CONSUMIR LIQUIDOS EN ABUNDANCIA.
- NO AUTOMEDICARSE.
- TRATAR DE IDENTIFICAR QUE LE CAUSA LA ALERGIA.

CEFALEA
- SIGNOS DE ALARMA: FIEBRE, DOLOR DE CABEZA FUERTE, DOLOR DE CABEZA LA DESPIERTA, ALTERACIÓN VISUAL, ALTERACIÓN EN LA FUERZA, SE LE TUERCE LA CARA, HABLA RARO, VOMITO, SE DESMAYA, NO MEJORIA, NUEVOS SINTOMAS.
- SOLICITAR CITA EN SU IPS BASICA EN 48 HORAS PARA REVISIÓN Y SEGUIMIENTO.
- CONSUMIR LIQUIDOS EN ABUNDANCIA.
- EVITAR CONSUMO DE LICOR.
- NO AUTOMEDICARSE.
- EVITAR EXPOSICIÓN PROLONGADA AL TELEVISOR.
- EVITAR LUGARES CON MUCHO RUIDO.

HERIDA
- LAVAR HERIDA CON AGUA Y JABON DE BAÑO.
- SIGNOS DE ALARMA: FIEBRE, LA HERIDA SE PONE ROJA O
CALIENTE, SALIDA DE PUS O LIQUIDO POR LA HERIDA.
- RETIRO DE PUNTOS EN SU IPS BASICA EN 7 DÍAS.
- EVITAR EXPOSICIÓN AL SOL.
- UTILIZAR BLOQUEADOR.

ITU:
- SIGNOS DE ALARMA: FIEBRE, DOLOR DE ESPALDA, DOLOR
ABDOMINAL, NO ORINA U ORINA MUY POCO, NO MEJORIA, NUEVOS
SINTOMAS.
- CONSUMIR LIQUIDOS EN ABUNDANCIA.
- SOLICITAR CITA EN SU IPS BASICA EN 48 HORAS PARA REVISIÓN Y
SEGUIMIENTO.
- SOLICITAR RESULTADO DE UROCULTIVO EN TRES DÍAS Y
LLEVARLO A REVISIÓN EN SU IPS BASICA.
- NO AUTOMEDICARSE.

DENGUE
- SIGNOS DE ALARMA: FIEBRE, DOLOR DE CABEZA FUERTE,
ALTERACIÓN VISUAL, ALTERACIÓN EN LA MARCHA, HABLA RARO,
SE LE TUERCE LA CARA, SANGRADOS (NARIZ, BOCA, ORINA,
DEPOSICIONES), DOLOR ABDOMINAL, NO ORINA U ORINA MUY POCO.
- CONSUMIR LIQUIDOS EN ABUNDANCIA.
- NO AUTOMEDICARSE.
- SOLICITAR CITA EN SU IPS BASICA EN 48 HORAS PARA REVISIÓN Y
SEGUIMIENTO.

TRAUMA
- SIGNOS DE ALARMA: FIEBRE, AUMENTA LA INFLAMACIÓN, NO ES
CAPAZ DE CAMINAR, NO MEJORIA, NUEVOS SINTOMAS.
- SOLICITAR CITA EN SU IPS BASICA EN 48 HORAS PARA REVISIÓN Y
SEGUIMIENTO.
- EVITAR FORZAR ARTICULACIÓN AFECTADA.
- RECLAMAR LECTURA DE RADIOGRAFIA EN TRES - CINCO DÍAS Y
LLEVARLA A REVISIÓN EN SU IPS BASICA.
- PONER HIELO LOCAL POR LO MENOS 4 VECES AL DÍA POR DOS DÍAS
Y LUEGO INTER-CALAR CON PAÑOS DE AGUA TIBIA.

GASTRITIS
- SIGNOS DE ALARMA: FIEBRE, VOMITO CON SANGRE, DEPOSICIONES
NEGRAS, VOMITA TODO LO QUE COME, DOLOR ABDOMINAL, NO
MEJORIA,NUEVOS SINTOMAS.

- SOLICITAR CITA EN SU IPS BASICA EN 48 HORAS PARA REVISIÓN Y SEGUIMIENTO.
- EVITAR CONSUMO DE GASEOSAS, BEBIDAS OSCURAS Y ALIMENTOS MUY GRASOSOS O CONDIMENTADOS POR LO MENOS POR 8 DÍAS.
- EVITAR AYUNOS PROLONGADOS.
- CONSUMIR ALIMENTOS EN PEQUEÑAS PORCIONES CADA 3 HORAS.
- EVITAR CONSUMO DE LICOR Y CIGARRILLO.

LITIASIS RENAL.
- SIGNOS DE ALARMA: FIEBRE, DOLOR ABDOMINAL, NO ORINA U ORINA MUY POCO, ORINA COAGULOS DE SANGRE, NO MEJORIA, NUEVOS SINTOMAS.
- CONSUMIR LIQUIDOS EN ABUNDANCIA.
- EVITAR CONSUMO DE LICOR.
- SOLICITAR CITA EN SU IPS BASICA EN 48 HORAS PARA REVISIÓN Y SEGUIMIENTO.

VERTIGO
- SIGNOS DE ALARMA: FIEBRE, DOLOR DE CABEZA, ALTERACIÓN VISUAL, SE LE TUERCE LA CARA, HABLA RARO, ALTERACIÓN EN LA MARCHA, NO MEJORIA, NUEVOS SINTOMAS.
- CONSUMIR LIQUIDOS EN ABUNDANCIA.
- EVITAR CONSUMO DE LICOR.
- EVITAR CAMBIOS BRUSCOS DE POSICIÓN.
- SOLICITAR CITA EN SU IPS BASICA EN 48 HORAS PARA REVISIÓN Y SEGUIMIENTO.

NEUMONIA
- SIGNOS DE ALARMA: FIEBRE, LE PITA EL PECHO, DIFICULTAD PARA RESPIRAR, TOS LO AHOGA, DOLOR EN EL PECHO, NO MEJORIA, NUEVOS SINTOMAS.
- EVITAR CAMBIOS BRUSCOS DE TEMPERATURA.
- CONSUMIR LIQUIDOS EN ABUNDANCIA.
- EVITAR EXPOSICIÓN A HUMO.
- SOLICITAR CITA EN SU IPS BASICA EN 48 HORAS PARA REVISIÓN Y SEGUIMIENTO.

DIARREA
- SIGNOS DE ALARMA: FIEBRE, MAS DE 4 VOMITOS O 4 DIARREAS EN 4 HORAS, SANGRE EN EL VOMITO O DIARREA, DOLOR ABDOMINAL, NO ORINA U ORINA MUY POCO, NO MEJORIA, NUEVOS SINTOMAS.
- CONSUMIR LIQUIDOS EN ABUNDANCIA.
- CONTINUAR ALIMENTACIÓN NORMAL.
- SOLICITAR CITA EN SU IPS BASICA EN 48 HORAS PARA REVISIÓN Y SEGUIMIENTO.

TEC:
- SIGNOS DE ALARMA: FIEBRE, LO VE RARO, HABLA
INCOHERENCIAS, DOLOR DE CABEZA, VOMITO, SE DESMAYA,
CONVULSIONA, ALTERACIÓN VISUAL, NUEVOS SINTOMAS.
- CONSUMIR LIQUIDOS EN ABUNDANCIA.
- SOLICITAR CITA EN SU IPS BASICA EN 48 HORAS PARA REVISIÓN Y
SEGUIMIENTO.
- NO AUTOMEDICARSE.
- EVITAR EXPOSICIÓN PROLONGADA AL TELEVISOR.
- EVITAR LUGARES CON MUCHO RUIDO.
- EVITAR CONSUMO DE LICOR.

EMBARAZO:
- SIGNOS DE ALARMA: FIEBRE, ALTERACIÓN VISUAL, PITOS EN LOS
OIDOS, DOLOR EN LA BOCA DEL ESTOMAGO, NO SIENTE MOVER
NORMALMENTE EL BEBE, LA BARRIGA SE LE PONE DURA, EL DOLOR
AUMENTA, SALIDA DE LIQUIDO O SANGRE POR VAGINA, NO
MEJORIA, NUEVOS SINTOMAS.

LUMBAGO:
- SIGNOS DE ALARMA: FIEBRE, SINTOMAS URINARIOS, DOLOR
ABDOMINAL, NO ES CAPAZ DE CAMINAR, NUEVOS SINTOMAS.
- SOLICITAR CITA EN SU IPS BASICA EN 48 HORAS PARA REVISIÓN Y
SEGUIMIENTO.
- NO AUTOMEDICARSE.
- EVITAR LEVANTAR MAS DE 7 KG DE PESO SOLO.
- DOBLAR LAS RODILLAS AL AGACHARSE.

CONSTIPACIÓN:
- SE SUGIERE AUMENTAR EL CONSUMO DE FIBRA: SALVADO, AVENA
EN HOJUELAS, GRANOLA, UVAS PASAS, HARINA INTEGRAL, JUGOS
NATURALES, 5 PORCIONES DE FRUTA AL DIA.
- SE SUGIERE DISMINUIR EL CONSUMO DE PLATANO VERDE, PASTAS,
YUCA, GUINEO, GUAYABA, BANANO, HARINAS REFINADAS.
- CONSUMIR LIQUIDOS EN ABUNDANCIA.
- HACER EJERCICIO DIARIO.
- SIGNOS DE ALARMA: FIEBRE, VOMITO, NO PRESENTA DEPOSICIÓN
ASOCIADO A NO PRESENCIA DE FLATOS, EL ABDOMEN SE LE
INFLAMA, NO MEJORIA, NUEVOS SINTOMAS.
—   SOLICITAR CITA EN SU IPS BASICA EN 48 HORAS PARA
REVISIÓN Y SEGUIMIENTO.

MEDICINA INTERNA. HOMBRE DE 66 AÑOS QUIEN CURSA CON CRISIS

HIPERGLICEMICA, SIN SIGNOS CLINICOS NI PARACLINICOS PARA DESCOMEPNSACION AGUDA DE LA DIABETES. VENIA EN TRATAMIENTO CON METFORMINA 1000 MG C 12 HORAS, EMPAGLIFOZINA Y LIRAGLUTIDE CON A1C DE ABRIL DE 2018 7.7% EN METAS. MANIFIESTA POBRE ADHERENCIA A CAMBIOS DE HABITO ALIMENTARIO, ADEMAS DESDE HACE UN MES NO TIENE SGLT2 Y LIRAGLUTIDE. ESTOY DE ACUERDO CON EL TRATAMIENTO ESTABLECIDO, DADO QUE EN EL MOMENTO NO TIENE DESCOMPENSACION AGUDA PUEDE CONTNUAR TRATAMIENTO AMBULATORIO, SE DILIGENCIA MIPRES PARA EMPAGLIFOZINA Y LIRAGLUTIDE, REQUIERE CONTINUAR TRATAMIENTO Y SEGUIMIENTO POR GRUPO DE DM TIPO2. SE DAN RECOMENDACIONES YSIGNOS CLAROS DE ALARMA PARA RECONSULTAR. ENTIENDE Y ACEPTA. MANTENER METFORMINA 850 MG VO C 8 HORAS HASTA INICIAR EMPAGLIFOZINA Y LIRAGLUTIDE.

HIPER EMESIS GRAVIDICA:
DONPERIDONA

DIABETES:
TRATAMIENTO:
HEMOGLOBINA GLICADA DE MENOS DE 10.
DETERMIR 0.1 UNIDADES POR KILO.   POR LA NOCHE
Y METFORMINA 1-0-1.
MAS DE 10 HEMOGLOGINA GLIADA
LANTUS 10 UNOCHE .   Y GLULICINA 3 U AL MEDIO DIA Y
METFORMINA.

CRITERIOS DE SEPSIS.
The Third International Consensus Definitions for Sepsis and Septic Shock
(Sepsis-3). Mervyn Singer, Clifford S. Deutschman, Christopher Warren Seymour,
Manu Shankar-Hari, Djilali Annane, Michael Bauer et at. JAMA
2016;315(8):801-810.doi:10.0001/jama.2016.0287 Las definiciones de sepsis y
shock séptico que conocemos hasta la actualidad, centradas en la respuesta
inflamatoria del huésped, han permanecido prácticamente invariables desde la
primera conferencia de consenso, realizada allá por el año 1991. Los avances en el
conocimiento de la fisiopatología de la sepsis, entendida hoy día como una
respuesta del huésped a la infección más amplia, que involucra no sólo la
activación de respuestas pro y anti-inflamatorias, sino también modificaciones en
vías no inmunológicas (cardiovascular, autonómica, neuronal, hormonal,
energética, metabólica y de coagulación) han llevado a revisar las definiciones de
sepsis y shock séptico. Así, el grupo de trabajo formado por expertos en sepsis de
la European Society of Intensive Care Medicine y de la Society of Critical Care
Medicine, han definido la sepsis como "la disfunción orgánica causada por una
respuesta anómala del huésped a la infección que supone una amenaza para la
supervivencia". Esta nueva definición comporta la búsqueda de una nueva
herramienta clínica que sustituya a los criterios de síndrome de respuesta
inflamatoria sistémica (SIRS) en la identificación de los pacientes con sepsis, ya
que estos criterios no están presentes en todos los pacientes con infección, y no
necesariamente reflejan una respuesta anómala por parte del huésped que
condicione una amenaza para la supervivencia, y, por lo tanto, resultan
inespecíficos. Para la identificación de la disfunción orgánica, el grupo de trabajo
recomienda emplear una variación de 2 ó más puntos en la escala SOFA
(Sequential [Sepsis-Related] Organ Failure Assessment), considerando una
puntuación basal de 0 a menos que se conozca que el paciente tuviera una
disfunción orgánica previamente a la aparición de la infección. Una puntuación de
SOFA ≥ 2 refleja un riesgo de mortalidad global de aproximadamente un 10% en
la población general.

Además, se desarrolla una nueva escala, denominada qSOFA (quick SOFA), que
incluye exclusivamente criterios clínicos fácil y rápidamente mensurables a pie de
cama. Los criterios del qSOFA son: • Alteración del nivel de conciencia, definido
como una puntuación en la escala de Glasgow ≤ 13 • Tensión arterial sistólica ≤
100 mmHg • Frecuencia respiratoria ≥ 22 rpm Cuando al menos 2 de los 3
criterios están presentes presenta una validez predictiva similar al SOFA para la
detección de aquellos pacientes con sospecha de infección y probabilidad de
presentar una evolución desfavorable. Por lo tanto, resultaría útil en la
identificación de pacientes que pudieran precisar de un nivel de vigilancia más
estrecho y un estudio más específico en busca de la posibilidad de presentar
disfunción orgánica. La medición del lactato no aumentó su validez predictiva,
pero podría ayudar a identificar a los pacientes con un riesgo intermedio. Por
último, el grupo de trabajo define shock séptico como aquella situación en el que

las anormalidades de la circulación, celulares y del metabolismo subyacentes son lo suficientemente profundas como para aumentar sustancialmente la mortalidad. Se identifica clínicamente por la necesidad de vasopresores para mantener una tensión arterial media $\geq$ 65 mmHg y por presentar un láctato sérico $\geq$ 2 mmol/l (18 mg/dl) en ausencia de hipovolemia. Esta situación refleja tasas de mortalidad superiores al 40 %. Aplicación
 práctica de los criterios clínicos de identificación de pacientes con sepsis y shock séptico

Estas definiciones dan un vuelco a lo que hemos definido como sepsis desde hace

Escala SOFA (*Sepsis-related Organ Failure Assessment*)

	0	1	2	3	4
Respiración[a] PaO$_2$/FIO$_2$ (mm Hg) o SaO$_2$/FIO$_2$	>400	<400 221–301	<300 142–220	<200 67–141	<100 <67
Coagulación Plaquetas 10^3/mm^3	>150	<150	<100	<50	<20
Hígado Bilirubina (mg/dL)	<1,2	1,2–1,9	2,0–5,9	6,0–11,9	>12,0
Cardiovascular[b] Tensión arterial	PAM ≥70 mmHg	PAM <70mm Hg	Dopamina a <5 o dobutamina a cualquier dosis	Dopamina a dosis de 5,1-15 o Epinefrina a ≤ 0,1 o Norepinefrina a ≤ 0,1	Dopamina a c >15 o Epinefrina > Norepinefrina
Sistema Nervioso Central Escala de Glasgow	15	13–14	10–12	6–9	<6
Renal Creatinina (mg/dL) o flujo urinario (mL/d)	<1,2	1,2–1,9	2,0–3,4	3,5–4,9 <500	>5,0 <200

PaO$_2$: presión arterial de oxigeno; FIO$_2$: fracción de oxígeno inspirado; SaO$_2$, Saturación arterial de oxigeno periférico; PAM, presió media; [a]PaO$_2$/FIO$_2$ es relación utilizada preferentemente, pero si no esta disponible usaremos la SaO$_2$/FIO$_2$; [b]Medicamentos va administrados durante al menos 1 hora (dopamina y norepinefrina como ug/kg/min) para mantener la PAM por encima de 65 mm

25 años. El término sepsis grave no se contempla, al resultar redundante, y muchos cuadros antes definidos como sepsis, al cumplir los criterios de SIRS pero que no presentan fallo orgánico, se entienden ahora como cuadros infecciosos no complicados. Debido a los criterios utilizados, el SOFA es una escala que únicamente puede utilizarse en el ámbito hospitalario. Además, su cálculo es complejo lo que puede limitar su aplicabilidad en determinadas circunstancias donde es precisa una toma de decisiones rápida. No obstante, existen multitud de aplicaciones para los teléfono móviles o páginas web donde poder realizar el cálculo. Otro problema del SOFA que habrá que valorar en el futuro próximo es si va a conducir a una solicitud excesiva de pruebas de laboratorio. Lo más interesante respeto a las nuevas definiciones es la introducción del qSOFA. Esta si es una escala sencilla de aplicar en cualquier nivel asistencial, lo cual puede facilitar la identificación y estratificación adecuada del riesgo de nuestros pacientes desde el momento inicial, lo que puede llevar a la consiguiente disminución de la demora en el inicio del manejo apropiado del paciente séptico. No obstante, es preciso realizar estudios prospectivos que demuestren la validez de esta escala antes de su adopción en el ámbito clínico, ya que debemos recordar que las nuevas definiciones se basan en el estudio de bases de datos. A buen seguro, multitud de artículos se publicarán próximamente comentando los pros y contras

de este nuevo enfoque. Lo que estas definiciones parecen aportarnos es la mejora en la sensibilidad para detectar al paciente infectado grave, que es sin duda un aspecto fundamental en un cuadro de tan elevada mortalidad como este. No obstante, como hemos mencionado, es preciso estudios prospectivos que validen este nuevo abordaje del paciente infectado. Fdo. Grupo INFURG-SEMES representado por: Dr. Julio Javier Gamazo del Rio Servicio de Urgencias. Hospital Universitario de Galdakao Dr. Jesús Álvarez Manzanares Servicio de Urgencias. Hospital Universitario Río Hortega Dr. Juan González del Castillo Servicio de Urgencias. Hospital Universitario Clínico San Carlos

Aplicación práctica de los criterios clínicos de identificación de pacientes con sepsis y séptico

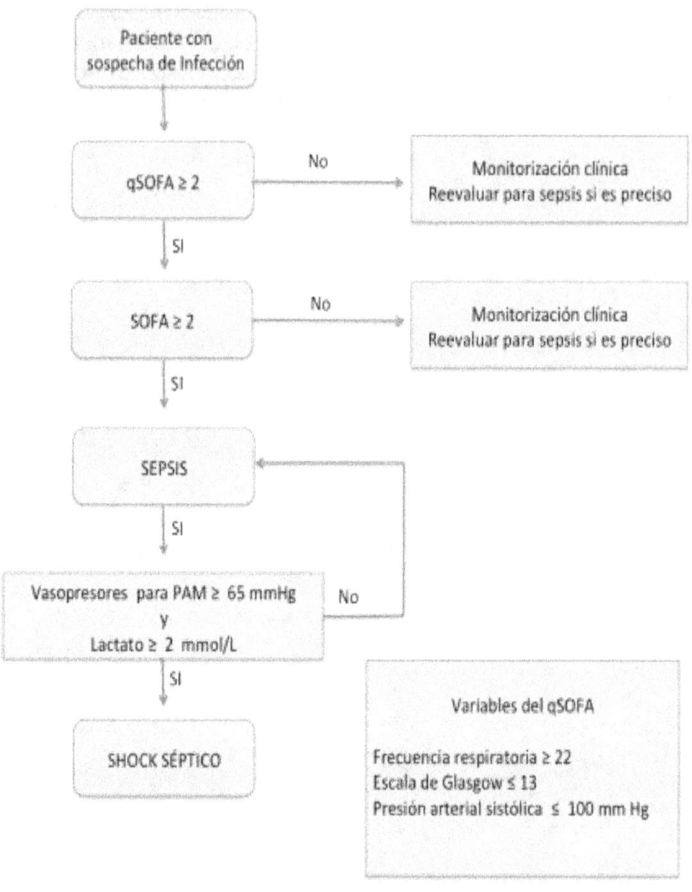

SOFA: *Sepsis-related Organ Failure Assessment*
qSOFA: *quick SOFA*
PAM: presión arterial media

Notas de procedimientos

<u>Nota de sutura:</u> Previa asepsia y antisepsia se coloca lidocaína sin Epinefrina se logra anestesia local, se realiza rafia de herida con corpalon … punto, nudo simple discontinuos, continua, intradérmica continua, colchonero, sutura de esquina total … puntos, se cubre con gasa estéril, el procedimiento termina sin complicaciones. Se da alta con formula ambulatoria y recomendaciones, se le explica al acompañante el cual entiende y acepta

<u>Recomendaciones:</u> lavado diaria con agua y jabón (protex), no aplicar Isodine ni tampoco alcohol ni agua oxigenada pues retrasan proceso de cicatrización, puede cubrir la herida con microporo posterior a curación.
Una vez la herida esté seca, puede comprar Procicar o Cicaderm, se aplica 3 veces al día en el área afectada
<u>Consultar por urgencia:</u> si la herida presenta enrojecimiento, está caliente, tiene salida de sangre o pus.
Retiro de sutura en 5-7 días en IPS básica

<u>Trombectomía:</u> se coloca el paciente en posición decúbito lateral, se realiza limpieza de la zona con suero fisiológico, posteriormente se desinfecta la zona con povidona yodada, se infiltrará con lidocaína sin epinefrina en los bordes de la hemorroide trombosada, se aspira con el émbolo antes de la infiltración no se extrae sangre, realizar una incisión lineal sobre el área trombosada, teniendo especial cuidado en no tocar el canal anal, para lo cual se fija la hemorroide con unas pinzas. Se eliminan la piel supralesional y el coágulo, por expresión (o utilizando un mosquito), se limpia nuevamente el campo con suero fisiológico, se seca la zona con gasas estériles y se colocará una gasa empapada con povidona yodada. No se realiza sutura para cicatrizar por segunda intención, el procedimiento termina sin complicaciones.

Recomendaciones:
Limpieza diaria con cambio de gasas frecuente para mantener una buena higiene en la zona. Utilizar baños de asiento en agua tibia y con jabón neutro durante 10 min, tres veces al día y tras la defecación

Es normal que se produzca sangrado durante las primeras 48 a 72 horas, que se irá reduciendo de forma progresiva.
Prescribir laxantes.
Control en ips básica por consulta no programada en 48-72 horas.

EXAMEN MENTAL:

VALORO PACIENTE, CON DIAGNOSTICO DE TRASTORNOS MENTALES ESPECIFICADOS DEBIDOS A LESIÓN Y DISFUNCIÓN CEREBRAL Y A ENFERMEDAD FÍSICA, TRASTORNOS MENTALES Y DEL COMPORTAMIENTO DEBIDOS AL USO DE CANNABINOIDES, SÍNDROME DE DEPENDENCIA, TRASTORNOS AFECTIVOS BIPOLARES. REFIERE SENTIRSE BIEN, NIEGA DOLOR, NAUSEAS, VOMITOS.

REFIERE HABER SIDO TRAÍDO DEBIDO A CONDUCTAS AGRESIVAS EN LOS ULTIMOS 5 DIAS CON SUS FAMILIARES Y VECINOS, NIEGA ALTERACIONES SENSORIALES, ALUCINACIONES, . FAMILIAR REFIERE AGRESION FISICA EL DIA DE AYER EN CONTRA DE SU SOBRINA, POR LO QUE DECIDEN TRAERLO. AL EXAMEN FISICO ESTABLE HEMODINAMICAMENTE, LUCE TRANQUILO, BUEN ESTADO DE HIGIENE, SIN ALTERACIONES DE LA PERCEPCIÓN, ESTRUCTURA DE PENSAMIENTO ORGANIZADO, COHERENTE, PERCEPCIONES DELIRANTES PRIMARIAS: "TODOS HABLAN MAL DE MI" SIN ALTERACIONES PSICOMOTRICES, BRADILALICO, CON LENGUAJE FLUIDO Y COHERENTE. SIN ALTERACIONES DE LA MEMORIA. SE EXPRESA DE LOS DEMAS DE MANERA SUSPICAZ, DESCONFIADO. PRESENCIA DE EQUIVALENTES MOTORES DE ANSIEDAD. PARACLINICOS: HEMOGRAMA NORMAL, CREATININA NORMAL, TRANSAMINASAS NORMALES, ACIDO VALPROICO EN LIMITE INFERIOR DE RANGO TERAPEUTICIO, PENDIENTE COMENTAR CON PSIQUIATRIA PARA DEFINIR CONDUCTA

EKG:

RITMO SINUSAL REGULAR, FC: 76 LPM, ONDA P POSITIVA EN TODAS LAS DERIVACIONES MENOS EN aVR, SEGUIDO DE QRS ESTRECHO CON EJE CARDIACO NORMAL A 45°, INTERVALO PR NORMAL (140 MS), QTc NORMAL (400 MS), PROGRESIÓN ADECUADA DE LA ONDA R EN DERIVADAS PRECORDIALES, SEGMENTO ST ISOELECTRICO, SIN ALTERACIONES SIGNIFICATIVAS, ONDA T POSITIVA EN TODAS LAS DERIVADAS EXCEPTO EN aVR. NO HAY PRESENCIA DE ONDAS Q PATOLOGICAS.

PROCEDIMIENTOS:

PREVIO CONSENTIMIENTO DEL PACIENTE, SE TRASLADA A SALA DE PPROCEDIMIENTO, SE REALIZA INFILTRACION LOCAL DE LA COLECCION CON LIDOCAINA AL 2%, SE PROCEDE A LIMPIEZA Y LAVADO CON SOLUCION YODADA Y SSN, SE REALIZA INSICION CON BISEL DE AGUJA EN CENTRO FLUCTUANTE Y SE PROCEDE A DRENAJE; OBTENIENDOSE SECRECION PURULENTA EN MODERADA CANTIDAD, SE EXTRAE COMPLETAMENTE HASTA OBTENER SECRECION SEROSANGUINOLENTA, SE VERIFICA HEMOSTASIA, SE REALIZA CURACION Y SE CUBRE CON APOSITO ESTERIL, PACIENTE TOLERA PROCEDIMIENTO SIN COMPLICACIONES

PREVIO CONSENTIMIENTO DEL PACIENTE, SE TRASLADA A SALA DE PPROCEDIMIENTO, SE REALIZA INFILTRACION LOCAL DE LA COLECCION CON LIDOCAINA AL 2%, SE PROCEDE A LIMPIEZA Y LAVADO CON SOLUCION YODADA Y SSN, SE REALIZA SUTURA DE HERIDA DE APROXIMADAMENTE 6CM CON SUTURA MONOFILAMENTO 3-0. SE VERIFICA HEMOSTASIA, SE REALIZA CURACION Y SE CUBRE CON APOSITO ESTERIL, PACIENTE TOLERA

PROCEDIMIENTO SIN COMPLICACIONES- SE CONSIDERA MANEJO
MEDICO AMBULATORIO, DOY SIGNOS DE ALARMA Y
RECOMENDACIONES

RX.

VALORO RADIOGRAFIA EN CONJUNTO CON DR --, SIN EVIDENCIA DE
FRACTURA NI LUXACION, POR LO QUE CONSIDERO MANEJO MEDICO
AMBULATORIO, CONTROL EN IPS BASICA, DOY SIGNOS DE ALARMA
Y RECOMENDACIONES. PACIENTE SALE DE SALA DE URGENCIAS
ESTABLE, REFIERE ENTENDER Y ACEPTAR

PEDIATRIA

HC Pediatría

Edad: teléfono: procedencia: escolaridad: acompañante: (madre)

Antecedentes: Patológicos: niega Alergia: niega Quirúrgicos: niega Trauma: niega Tóxico: niega Transfusiones: niega Farmacológicos: niega Vacunas: completas para la edad verificada por carnet Crecimiento y desarrollo sin alteraciones.

Antecedentes familiares: Abuelos: niega Padres: niega Hermanos: niega

Activo y reactivo, conectado con el medio

Sin déficit sensitivo o motor, no signos meníngeos o de focalización.

Cabeza: normocéfalo, escleras anictéricas, conjuntivas normocrómicas, fosas nasales permeable, mucosa oral húmeda no escurrimiento posterior, ORL: no eritema ni hipertrofia de amígdalas. Otoscopia: membranas timpánicas integras perladas, no secreciones.

Cuello móvil, no masas, no adenopatías.

Tórax simétrico, ruidos cardiacos rítmicos no soplo, murmullo vesicular presente, sin ruidos respiratorios agregados, no tirajes ni retracciones.

Abdomen: ruidos intestinales presentes, blando, depresible, no facies de dolor a la palpación, no signos de irritación peritoneal, no masa o megalias.

Piel: hidratada, no lesiones, no erupciones, no vesículas.

Extremidades: eutróficas, no edema, no dolor, no limitación de arco de movimiento.

Perfusión menor de 2 segundos.

Neurológico: activo y reactivo, conectado con el medio, lenguaje fluente, pupilas simétricas, y reactiva a la luz, fondo de ojo sin papiledema, movimientos oculares conservados, sensibilidad y simetría conservada, moviliza de forma simétrica las cuatro extremidades, reflejos activos y simétricos, sin signos de irritación meníngeas.

Lactante

Edad: teléfono: procedencia: acompañante: (madre)

Antecedentes pediatría: Nace el … en la clínica … producto de … embarazo controles prenatales … normales grupo sanguíneo materno … nace a las … semanas por … buena adaptación neonatal peso … talla … grupo sanguíneo … vacunación … Hospitalizaciones : niega Patológico: niega Alergia: niega Quirúrgico: niega

Antecedentes familiares: Abuelos: niega Padres: niega Hermanos: niega

Alerta y activo, deposiciones y diuresis positiva, buena succión, anictérico. Con tono y actividad normal

Cabeza: normocéfalo, fontanela normotensa, escleras anictéricas, conjuntivas normocrómicas, fosas nasales permeable, mucosa oral húmeda no escurrimiento posterior, paladar integro, ORL: no eritema ni hipertrofia de amígdalas, no lesiones orales. Otoscopia: membranas timpánicas integras perladas, no secreciones.

Cuello móvil, no masas, no adenopatías.

Tórax simétrico, ruidos cardiacos rítmicos no soplo, pulmones con murmullo vesicular presente, sin ruidos respiratorios agregados, no tirajes ni retracciones.

Abdomen: plano, ruidos intestinales presentes normales, blando, depresible, no facies de dolor a la palpación, no signos de irritación peritoneal, no hepatoesplenomegalia, no masa.

Piel: hidratada, no lesiones, no erupciones, no vesículas.

Extremidades: eutróficas, no edema, no dolor, no limitación de arco de movimiento.

Perfusión menor de 2 segundos.

Signos de alarma: fiebre más de 3 días evolución, más de 4 vómitos en 4 horas o vomite todo lo que coma, si tiene más de 10 deposiciones liquidas en 24 horas o tiene sangre, si respira muy rápido, se pone morado, tiene tos perruna, si está muy inactivo o convulsiona.

Bronquiolitis

Clasificación escala de Ferrés: sibilancias, tirajes, FR, FC, entrada de aire y cianosis

Bronquiolitis de alto riesgo (bar) hospitalizar: edad menor de 3 meses o menor de 6 meses con antecedentes de prematurez. Enfermedad congénita cardiovacular, displasia broncopulmonar, fibrosis quística, enfermedad congénita respiratoria, inmunodeficiencia, enfermedad neurológica moderada grave, síndrome de Down, apnea, desnutrición aguda grave.

Urgencia

Acompañante permanente
Oxigeno humificado por cánula nasal a 1 lpm si presenta spo2 menor de 92%
Realizar lavados nasales antes de cada Mnb
Mnb hipertónicas con Natrol 1 cc + 3 cc de agua destilada cada 4 horas (pte hospitalizado)
Mnb con Adrenalina (0.3 mg/kg): con ampollas + 3 cc de ssn 0.9% cada 45 min n° 2 – Adrenalina racémica: 0.05 cc/kg max 0.5 cc
Radiografía de tórax: SDR moderado a grave, no mejora en 6 horas, empeoramiento del cuadro.
VSR: paciente hospitalizado para definir aislamiento.
HLG , PCR y uroanalsis: fiebre elevada persistente

Ambulatorio:

Egreso: paciente con bronquiolitis leve, puntuación de Ferrés, con evolución satisfactoria luego del cumplir tratamiento en urgencia, no signos de dificultad respiratoria, afebril, con buena tolerancia a la vía oral, frecuencia respiratoria menor de 60 rpm, saturación de oxigeno ambiente mayor de 94%, se le explica claramente a familiar curso de la enfermedad, signos de alarma y manejo en casa entiende y acepta. Por evolución satisfactoria alta.

Acetaminofén cada 6 horas si temperatura mayor de 38°C o mayor.
Lavados nasales como fueron explicados en el servicio de urgencia a necesidad entre 4 - 6 veces al día
Evitar irritante como humo de cigarrillo o de los carros, exposición al frio
Lavado de mano para evitar transmisión. Evitar el contacto con adultos enfermos o niños pequeños
Cita control en su ips básica por consulta no programada en 48 a 72 horas.
Consultar por urgencia: si no mejora, si se pone morado, se queda sin respiración, respiración rápida, está muy dormido o no tolera la vía oral y aparece fiebre (temperatura mayor de 38°) que no mejora con Acetaminofén.

Asma

Score de Scarfone

Urgencia

<u>Leve a moderada:</u> Cabecera a 30º - Oxigeno humidificado a 1 lpm por cánula nasal si presenta spo2 menor de 92% - Control de signos vitales cada hora y avisar cambios – acompañante permanente
Fisiopred 1 cc / kg VO
Salbutamol inhalador hacer 4 puff cada 10 min por una horas, luego 4 puff cada 20 min por dos horas con inhalocamara.

<u>Grave:</u> Cabecera a 30º - Control de signos vitales cada 30 min – suspender via oral - acompañante permanente
Oxigeno por ventury o mascara de no rehinalación
Metilprednisolona (2mg/kg/dosis) iv inicial, luego 1 mg/kg/dosis cada 6-8 horas iv.
SSN 0.9% (10-20 ml/kg): pasar en 20 min iv
Mnb con salbutamol cada 10 min luego por 1 hora luego cada 20 min por 2 horas
Bromuro de ipratropio hacer 2-4 puff cada 20 min por una hora con inhalocamara.

Ambulatorio

Egreso: paciente con buena respuesta al tratamiento instaurado en urgencia, sin signos de dificultad respiratoria, saturación de oxigeno mayor de 94% ambiente, campos pulmonares limpios, familiar con adecuado entendimiento sobre el uso de los inhaladores, se educa sobre curso de la patología, se explican signos de alarma y manejo ambulatorio, familiar entiende y acepta. Por evolución satisfactoria alta.

Salbutamol uso con inhalocámara:
Primer día, realizar 2 puff cada 3 horas. Segundo y tercer día, 2 puff cada 4 horas. Cuarto y hasta séptimo día 2 puff cada 6 horas. En caso de observar nariz tapada o congestión nasal, tos seca y secreción nasal, labios morados cuando tose, realizar esquema de crisis en casa con salbutamol así: 2 puff cada 20 minutos por 3 veces, luego continuar con 2 puff cada 30 minutos por 2 veces. Si luego de terminar el ciclo no mejora traer inmediatamente a urgencias.
Prednisolona tab 5 mg (1mg/kg): dar triturada con agua azucarada a las 8 am por 5 días
Acetaminofén (15mg/kg/dosis): dar cada 6 horas en caso de fiebre
Loratadina (0,2 mg/kg/día): dar   via oral noche administrar con el estómago vacío o Cetirizina jarabe 5mg/5ml (0.5mg/kg/día) DUD o cada 12 horas, Hidroxicina jarabe 12.5mg/5ml (1-2mg/kg) cada 12 horas por 5 días
Cita control en ips básica en consulta no programada a las 24 o 48 horas.
Ingreso al programa y seguimiento de asma por médico de familia entre 5-8 días.
Evitar humo de cigarrillo, de carro, exposición al frio, actividad física exagerada,

adulto y niños enfermos con gripa.

Consultar por urgencia: si no mejora, si se pone morado, se queda sin respiración, respiración rápida, está muy dormido o no tolera la vía oral y fiebre (temperatura mayor de 38º) más de 3 días.

CRUP

Westley Score (Valoración del Crup)

Tratamiento:
Acompañante permanente – control de signos vitales y avisar cambios cada hora
Oxigeno por cánula nasal a 1 lpm en caso de spo2 menor de 92%
Adrenalina (0.5mg/kg): mnb con diluido en 3 cc de ssn al 0.9% cada 40 min N°2
Dexametasona (0.3 – 0.6 mg/kg) aplicar mg im
Después de terminar mnb dejar 2 horas en observación.

Nota de alta: Paciente que luego de realizar manejo y observación mayor de 4 horas en urgencia se encuentra sin estridor, tolera la via oral, n0 tiene signos de dificultad respiratoria, saturación de oxigeno mayor del 94% ambiente, buen aspecto general, familiar con adecuado entendimiento del manejo ambulatorio y signos de alarma para consultar oportunamente al servicio de urgencia. Por evolución satisfactoria alta.

Ambulatorio:

Prednisolona (1 mg/kg) dar triturada con agua azucarada a las 8 am por 3 días
Acetaminofén (15mg/kd/dosis): dar cada 6 horas si temperatura mayor de 38°C
Loratadina (0,2 mg/kg/día): dar via oral noche administrar con el estómago vacío
o Cetirizina jarabe 5mg/5ml (0.5mg/kg/día) DUD o cada 12 horas, Hidroxicina
Cita en su ips básica consulta no programada en 48 horas.
Evitar humo de cigarrillo, de carro, exposición al frio, actividad física exagerada, adulto y niños enfermos con gripa.
Consultar por urgencia: si no mejora, si se pone morado, tos perruna, se queda sin respiración, respiración rápida, está muy dormido o no tolera la vía oral y aparece fiebre (temperatura mayor de 38º) por más de 3 días.

NEUMONIA

Taquipnea: Menor de 2 meses: más de 60 rpm, Entre 2 meses y 12 meses: más de

50 rpm, Mayores de 12 meses: más de 40 rpm.

Tratamiento:
4 meses – 4 años: Amoxicilina 90 mg / kg / día cada 8 horas
5 años a 15 años: considerar Mycoplasma, Eritromicina 30 – 40 mg / día en 4 dosis, Claritromicina 15 mg/ kg / día en 2 dosis

EDA

Tono ocular, mucosa oral (saliva filante), signo del pliegue (esbozo), llenado capilar, piel (pálida, fría, moteada), diuresis (normal, oliguria, anuria)

1· Paciente con alto riegos de deshidratación por EDA de alto gasto pero con tolerancia a la vía oral por lo cual se inicia **plan A supervisado.**

2· Paciente con EDA con algún grado de deshidratación pero con tolerancia a la via oral se ingresa para **plan B** de rehidratación.

Cantidad aproximada de solución de SRO en las primeras 4 horas(75 ml/Kg)						
Edad	Menos de 4 meses	4 a 11 meses	12 a 23 meses	2 a 4 años	5 a 14 años	15 años o mas
Peso	< 5 Kg	5 – 7,9 Kg	8- 10,9 Kg	11-15,9Kg	16- 29,9 Kg	>30Kg
Mililitros	200-400	400-600	600-800	800-1200	1200-2200	2200-4000

3· Paciente con intolerancia a la via oral, EDA de alto gasto, signos de deshidratación al examen físico y letárgico clasifica como deshidratación grave por lo cual se inicia **plan C de rehidratación.**

Monitorizar signos vitales cada hora
Lactato de Ringer (100 ml/kg) pasar repartidos así menor de 12 meses 30ml/kl en 30 min, luego 70 ml/kg en 5 horas
Mayores de 12 meses: 30ml/kg en 30 min, luego 70 ml/kg en dos horas y media.
Control de signos vitales

Ambulatorio: paciente que luego del tratamiento en urgencia se observa con Tono ocular normal, mucosa oral hidratada, no signo del pliegue, llenado capilar menor de 2 seg, diuresis normal, no requiere continuar con manejo venoso, con adecuada ingesta oral de líquido y alimentos sólidos, se educa a familiar sobre administración de suero oral, dieta, signos de alarma y recomendaciones la cual entiende y acepta. Por evolución satisfactoria alta.

Plan A: EDA sin deshidratación
Dar más líquido de lo habitual
Sales de rehidratación oral: Disolver el contenido de 1 sobre en 1 litro de agua hervida. Dejar enfriar y meter en la nevera, tapado. Dar cc cada 2 horas hasta terminar el litro diario si el niño rechaza la vía oral. Si no la rechaza y acepta alimento dar luego de cada deposición o en caso de vomito esperar 15 min y dar.
Dieta: jugos naturales sin leche (pera, guayaba, zanahoria y manzana), acompañamientos (tostadas, galleta de sal, fideos en sopa, arroz blanco), sopas (papa y yuca, platano y ahuyama, arrachacha y arroz), carnes (res y pollo), papillas (pure de papa, pure de manzana, pure de guayaba)
Evitar el uso excesivo de azúcar, dulces y bebidas (gaseoasa, gelatinas y jugos no naturales), evitar condimentos y salsas en los alimentos, verduras, embutidos y grasas
Sulzinc jarabe Fco de 80mil dar 0-6 meses 2.5 cc c/12 horas o 5 cc cada 24 hora. Mayores de 6 meses 5 cc/12 horas o 10 c/24 horas por 14 días.
Acetaminofén (15mg/kg/dosis): dar cada 6 horas si temperatura mayor de 38°C
Lavado de manos después de ir al baño o antes de comer. Lavado con agua hervida de todos los alimentos que se consuman.
Cita en su ips consulta no programada en 5 días.
Signos de alarma para consultar de inmediato: deposiciones liquidas muy frecuentes, más de 10 en 24 horas, vomito repetido, tiene mucha sed, no come ni bebe normalmente, tiene fiebre, hay sangre en las deposiciones, no orina o llora sin lágrimas.

Dengue

Signos de alarma: La piel está muy pálida y fría. Dolor abdominal continuo y persistente. Vomito persistente. Está muy inquieto o irritable. Mareos. Dificultad respiratoria. Dolor de cabeza intenso con vomito

Manejo ambulatorio:
Acetaminofén: si temperatura mayor de 38°C.
Dar líquidos abundantes y/o sales de rehidratación oral
Mantener alimentación.
Evitar antiinflamatorios: Aspirina, dipirona, ibuprofeno, diclofenaco, pueden predisponer o inducir sangrado.
5. Control en 48 horas con hemograma en esta ips.
Signos de alarma: La piel está muy pálida y fría. Dolor abdominal continuo y persistente. Vomito persistente. Está muy inquieto o irritable. Mareos. Dificultad respiratoria. Dolor de cabeza intenso con vomito

Sarampión Rubeola.

Fiebre y erupción maculo - papular o exantema con tos, coriza, conjuntivitis, Inflamación de ganglios linfáticos retro auriculares, cervicales u occipitales, y artralgias.

ALTE (apnea, cambio de color en la piel, cambio en el tono muscular, asfixia)

Periodo neonatal hasta los 2 años. Edad promedio 8 semanas.

Conducta: ALTE menor observación 12 horas, ALTE mayor: hlg, uroanalisis, glicemia, electrolitos, rx de toras, ecg

Recomendaciones en TEC

Pediatric Trauma Score

Paciente que durante estancia en observación está conectado con el medio, alerta activo y reactivo a estímulos externos, lenguaje fluente, PINRAL positivo, sensibilidad y simetría corporal conservada, moviliza de forma simétrica las 4 extremidades, reflejos activos y simétricos, sin signos de irritación meníngea, control de esfínter adecuado para su edad, no convulsiones ni irritabilidad, para una valoración global normal, se le explica acompañante signos de alarma para consultar oportunamente al servicio de urgencia el cual entiende y acepta por lo cual se decide alta.

Signos de alarma: dolor de cabeza que no mejore con los medicamentos ordenados, siendo su administración horaria como fue indicado, mucho decaimiento, somnolencia (que duerma mucho tiempo) y sea difícil de despertar. alteraciones para caminar, convulsiona.
Se recomienda guardar mucho reposo y evitar actividad física intensa. Evitar ver televisión por períodos prolongados.
Cita control en ips básica consulta no programada en 24-48 horas.

Indicaciones heridas.

Previa asepsia y antisepsia se coloca lidocaína sin Epinefrina se logra anestesia local, se realiza rafia de herida con corpalon … total … puntos, se cubre con gasa esteril, el procedimiento termina sin complicaciones. Se da alta con formula ambulatoria y recomendaciones, se le explica al acompañante el cual entiende y acepta.

Cefalexina (50mg/kg/dia): dar cada 6 horas por 7 días
Acetaminofen (15mg/kg/dosis): dar cada 6 horas por dolor
Realizar aseo diario de herida, cada 12 horas, con agua tibia hervida y jabón suave.
Evitar exposición al sol. Evitar que el niño se toque o rasque la herida
Retiro de los puntos en 7 días en ips básica.
Una vez la herida esté seca, puede comprar Procicar o Cicaderm, se aplica 3 veces al día en el área afectada.
Consultar por urgencia: hinchazón de la herida, salida de pus y dolor intenso a pesar de uso de medicamentos, fiebre que persiste por más de 3 días sin otra causa.

Gingivoestomatitis

Amoxicilina (90mg/kg/dia) dar cada 8 horas por 7 días o Aciclovir susp 200 mg/5ml
(40 mg/kg/día) dar 8 horas por 5 días
Acetaminofen dar cada 6 horas por fiebre que es temperatura de 38°C o mayor
Fórmula magistral: Mezclar en una taza: 5cc de Nistatina, 1cc de Lidocaína, 5cc de Hidróxido de Aluminio, 2.5cc de Difenhidramina. Mojar con ésta mezcla una gasa limpia y restregar de forma vigorosa la cara interna de las mejillas, la lengua y las encías, hasta retirar la cubierta blanca que puedan tener las lesiones. Esto puede provocar un sangrado discreto, que es esperable, pero es necesario retirar ésta capa a fin de que la mucosa se pueda recuperar de las lesiones. Hacerlo cada 6 horas por 3 días y luego continuar cada 12 horas hasta 5 días.
Gel clair o aftakids: Aplicación tópica 2 o 3 veces al día, durante una semana o hasta la desaparición de los síntomas.

Amigdalitis

Penicilina oral o FENOXIMETILPENICILINA susp de 250mg/5ml (Pen Vee K)

Menor de 12 años: 25 – 50 mgr /kg cada 8 horas.
Mayor de 12 años: 125 mg – 250 mg / kg cada 8 horas.
POR 10 DIAS

Amoxicilina: 90 mg / kg / día cada 8 horas
Macrólidos:
Eritromicina 50 mg /kg cada 8 horas
Claritromicina 15 mg /kg cada 12 horas
Azitromicina 200mg/5ml cada 24 horas por 3 días

Adenopatías subangulomaxilar, virus de Eptein Bar
Petequias en úvula y paladar blando = SBHA
Aftas o vesículas = viral

Rash = escarlatina o escalatiniforme viral
Inicio abrupto: fiebre, escalofrío, cefalea y dolor abdominal
Compromiso de amígdalas, faringe y velo del paladar.
Viral: compromiso otras zonas del tracto respiratorio
Superior (Nariz, laringe y conjuntivas)

Otitis media aguda

Presencia de líquido en el oído medio asociada a signos y síntomas de inflamación aguda local.

Tratamiento: Amoxicilina: 90 mg/kg/ día en 3 dosis por 7 días
Falla terapéutica: otalgia, fiebre, enrojecimiento, abombamiento y Otorrea después de 2 días de terapia adecuada.
Amoxicilina / Clavulanato: 90 mg / kg / día en 2 dosis por 7 días.
Cefuroxime axetil: 10 a 15 mg/ kg / día en 2 dosis por 7 días

Recomendaciones en gastritis

Suprimir los irritantes de la mucosa gástrica, como los alimentos picantes o muy condimentados, las frutas cítricas ó ácidas (naranja, limón, fresa, piña), los alimentos o bebidas que contengan cafeína (chocolate, gaseosas, café, té), la aspirina.
Realizar entre 5 a 6 comidas pequeñas durante el día. Es importante respetar los horarios de comida y tratar de comer siempre a la misma hora.
Ingerir los líquidos 30 minutos antes o después de los alimentos sólidos. Evitar los alimentos con temperaturas extremas, preferiblemente a temperatura tibia o ambiente
Eliminar o minimizar las porciones, de alimentos altos en grasa, como: crema ácida (natilla), paté, mantequilla, tocineta, quesos amarillos o maduros, repostería, postres, comidas rápidas, etc. La grasa hace que la digestión sea más lenta, estimulando la secreción de ácidos gástricos y provocando dolor.
No acostarse inmediatamente después de comer; hacerlo al menos 30 minutos después.
Incluir en su dieta alimentos fuente de fibra: pan, pastas, arroz, cereales de desayuno, galletas, avena, Frutas con cáscara, excepto los cítricos. Ejemplo: banano, ciruela, manzana, pera, melocotón, papaya, sandía, frijoles, lentejas, garbanzos y arvejas.

Recomendaciones en estreñimiento

PEG: Peso menor de 17 kg: Dosis diaria: 1 g por cada kilo del peso total del niño.
Se debe medir la dosis usando la tapa dosificadora hasta conseguir la medida

exacta. Disolver la dosis en un vaso con 8 onzas de agua o la bebida preferida del niño. Dosis máxima: 17 g / día. Actúa de 48 a 72 horas después de iniciado el tratamiento. Peso mayor de 17 kg: Dosis diaria: 17 g Se debe medir la dosis usando la tapa dosificadora. Disuelva en un vaso con 8 onzas de agua o la bebida de su preferencia. Actúa de 48 a 72 horas después de iniciado el tratamiento.No dar en menores de 2 años

Lactulax: Menores de 1 año: 5 mL, 1 a 5 años: 10 mL, 6 a 12 años: 15-30 mL.

Estimular al niño para realizar alguna actividad física diaria

Dar al día 8 vasos de agua, pero no durante las comidas sino 1 hora antes o después. Se recomienda 1 vaso en ayunas y otro antes de acostarse.

Consumir ensaladas preferiblemente crudas, utilizando tallos y hojas.

Consumir 5 porciones diarias de las siguientes frutas en trozos: Fresa, Mora, Cambur, Naranja, Tamarindo, Ciruelas pasas, Zanahorias, Piña, Guanábana, Higos, Zapote. Consumir galletas, pan y arepas preferiblemente de harina integral. Consumir yogurt, leche o cuajada.

Evite consumo de alimentos irritantes: pimienta, comino, salsas, picantes, embutidos, mostaza

Sobre la fiebre: la fiebre nos defiende contra infecciones por virus y bacterias, por si misma no causa daño cerebral, ni ceguera, ni sordera ni muerte, el 4% de los niños puede convulsionar no todos, el ibuprofeno y acetaminofén tiene la misma eficacia. Lo más importante son los signos de alarma que la acompañan.

Sobre la diarrea: la mayoría de los casos se debe a gastroenteritis por virus. Menos frecuentes a bacterias y parásitos. Otras causas son: antibióticos, dieta inadecuada, intolerancia o alergia alimentaria. Puede acompañarse de fiebre, vómitos, dolor abdominal o menos apetito. Suele curar espontáneamente en pocos días. Rara vez se necesitan antibióticos u otros medicamentos. Lo mas importante es la hidratación.

Sobre la tos: la tos es un mecanismo de defensa, elimina secreciones y cuerpos extraños para mantener la vía aérea limpia, suele resolver en 1 o 2 semanas, el uso de medicamento debe estar bajo control médico. Por lo general solo se necesita de una buena hidratación y lavados nasales.

HISTORIA CLÍNICA

ADULTO

Edad: teléfono: procedencia: ocupación: acompañante:

Antecedentes: Patológicos: niega Alergia: niega Quirúrgicos: niega Trauma: niega Tóxico: niega Transfusiones: niega Farmacológicos: niega GO: FUM no VSA, planificación con

Antecedentes familiares: Abuelos: niega Padres: niega Hermanos: niega
Orientado en tiempo, espacio y persona
Sin déficit sensitivo o motor
Cabeza: escleras anictéricas, conjuntiva normocrómicas, fosas nasales permeable, mucosa oral húmeda, no escurrimiento posterior, no eritema ni hipertrofia de amígdalas.
Cuello: móvil no masa no adenopatías, no ingurgitación yugular.
Tórax: simétrico, ruidos cardiacos rítmicos no soplo, murmullo vesicular presente, sin agregados, no uso de músculos accesorios.
Abdomen: peristalsis positiva normal, blando, depresible, no doloroso a la palpación, no signos de irritación peritoneal, no masas, no megalias, puño percusión lumbar negativa.
Piel: hidratada sin lesiones
Perfusión menor de 2 segundos.
Extremidades: simétricas, eutróficas, no edema, no dolor, no limitación de arcos de movimiento.
Genitales: no explorados
Neurológico: Alerta, consciente y orientado, lenguaje fluente, comprende y repite, pupilas simétricas y reactivas a la luz, fondo de ojo sin papiledema, movimientos oculares conservados, sensibilidad y simetrías conservada, moviliza de forma simétrica las cuatro extremidades, reflejos activos y simétricos, no signos meníngeos ni de focalización.

GINECOLÓGICA

Edad: teléfono: procedencia: ocupación: acompañante:
G … P … A … C … V … embarazo de … semanas por ecografía (semanas) y … semanas por FUM asiste controles prenatales hasta el momento sin alteraciones según la paciente hemoclasificación … VIH … VDRL … TSH …Toxoplasma…complicaciones previas… toma micronutrientes
Antecedentes: Patológicos: niega Alergia: niega Quirúrgicos: niega Trauma: niega
Tóxico: niega Transfusiones: niega Farmacológicos: niega
Antecedentes familiares: Abuelos: niega Padres: niega Hermanos: niega
Orientada en tiempo, espacio y persona
Sin déficit sensitivo o motor.
Cabeza: escleras anictéricas, conjuntiva normocrómicas, fosas nasales permeable, mucosa oral húmeda, no escurrimiento posterior, no eritema ni hipertrofia de amígdalas.
Cuello: móvil no masa no adenopatías
Tórax: simétrico, ruidos cardiacos rítmicos no soplo, murmullo vesicular presente, sin agregados, no uso de músculos accesorios.
Abdomen: se palpa útero grávido, altura uterina… cm, movimientos fetales presentes, posición… FCF lpm, no actividad uterina, puño percusión negativa.
Extremidades: simétricas, eutróficas, no edema, no dolor, no limitación de arcos de movimiento.
Piel: hidratada sin lesiones

Perfusión menor de 2 segundos.

Genitales: configuración externa normal, no hematomas, no masas, no lesiones, normotérmica, cuello... no sangrado, no salida de líquido, no flujo, no dolor a la movilización de los anexos.

Neurológico: Alerta, consciente y orientada, lenguaje fluente, comprende y repite, pupilas simétricas y reactivas a la luz, fondo de ojo sin papiledema, movimientos oculares conservados, sensibilidad y simetrías conservada, moviliza de forma simétrica las cuatro extremidades, reflejos activos y simétricos, no signos meníngeos ni de focalización.

PSIQUIATRIA

Edad: lugar de nacimiento: lugar de residencia: vive con: estado civil: escolaridad: trabajo: religión: acompañante:

precipitantes: problemas familiares, económicos, consumo de sustancias, enfermedades recientes, ausencia de adherencia al tratamiento

Revisión por sistemas: sueño, alimentación, otros síntomas físicos.

Antecedentes: Psiquiátricos: diagnosticado desde... hospitalizado... último control... ultima formulación... adherencia...intentos suicidas previos...Tóxicos: inicio de consumo... frecuencia... último consumo... Patológico: Alergia: Quirúrgico: Farmacológicos: Ginecológicos:

Antecedentes familiares de enfermedad mental:

Examen mental: paciente con adecuada presentación personal, alerta, orientado en tiempo espacio y persona, atención (euproséxico, disproséxico, hipoproséxico), sin movimientos anormales, lenguaje adecuado, pensamiento lógico, sin alucinaciones visuales o auditivas, sin ideas de muerte o suicidio, afecto normal, impresiona coeficiente intelectual promedio, juicio y raciocinio conservado, introspección adecuada, prospección (como se ve en el futuro).

SOAT

Edad: teléfono: Dirección: ocupación: acompañante:

Patológicos: niega Alergia: niega Quirúrgicos: niega Trauma: niega

Paciente en calidad de conductor de motocicleta sufre caída de esta al frenar en piso húmedo; presenta trauma en .... Ocurrido en la dirección .... El día de hoy ..... a las .....

Edema, limitación funcional, dolor o deformidad.

Paciente de ... de edad con trauma en ... en contexto de accidente de tránsito en calidad de .... Por riesgo de fractura en.... Se solicita radiografía de

Paciente con fractura de ... se traslada a sala de yeso, se realiza inmovilización tipo ... con vendaje de tela # algodón # y yeso #. Se activa proceso de remisión para valoración por ortopedia.

Gestión de personal de APH informa que el paciente fue aceptado en ... el día ... a las .... en el momento estable inmovilizado por lo cual se da alta, se entrega historia clínica y radiografía realizada en urgencias, se explica nuevamente proceso a seguir, refiere entender y aceptar.

Placa... marca del vehículo... nombre de aseguradora...número de póliza... vigencia desde el ... hasta... dueño del vehículo ... identificación del dueño del vehículo ...dirección del dueño del vehículo ... teléfono del dueño del vehículo.

Nombre del conductor ... dirección del conductor ... identificación del conductor ... teléfono del conductor.
http://w-radiologia.es

Reporte de abuso sexual:

El reporte de casos de abuso de menores de 18 Edad: Estudio: Vive con: Teléfono: Dirección: Acompañante: Fecha y hora de los hechos: Examinada hoy a las horas. Previamente se explica los procedimientos a realizar en la valoración y la importancia de los mismos. Se diligencia el consentimiento informado por la persona a examinar (representante legal). Ingresa de forma espontánea (tre oficio petitorio de). Relato de los hechos, la examinada refiere "" la mamá relata que ""método empleado por el agresor, no refiere uso de sustancias embriagantes, actividad sexual relacionada, historia de penetración, historia de eyaculación no uso condón, no uso lubricante, actividad posterior a los hechos, no trae ni aporta las prendas del día de los hechos, atención previa en servicios de salud.
Antecedentes: Médico legales: niega Patológicos: niega Quirúrgicos: niega Trauma: niega Alergia: niega   Familiares: niega
Ingresa caminando por sus propios medios, conscientes y tranquilos, colabora con la valoración, de la mano de la madre.
Desarrollo psicomotor:
Cabeza: dentadura temporal incomplea, último diente erupcionado: fase de erupción dentaria:
Posición para el examen: "posición de rana" Genitales externos femeninos, vello púbico ausente, región púbica sin lesiones, labios mayores y menores sin lesiones, horquilla vulvar sin lesiones, clítoris sin lesiones, meato urinario sin lesiones, vagina sin lesiones, periné sin lesiones, región inguinal sin lesiones, himen anular integro no elástico, no presenta signos de contaminación venérea. Examen anal posición genupectural forma circular, normotónico, sin alteraciones en pliegues radiales anales, sin laceraciones, sin fisuras, sin desgarro recientes ni antiguos.
Análisis: Paciente de sexo femenino, con hallazgos físicos para una edad clínica aproximada de 5 años, no tiene huellas externas de lesión reciente, genitales externos de características infantiles, sin lesiones, himen integro no elástico, sin evidencia de desgarro, ano de forma circular normotónico, sin desgarro, sin laceraciones. No se toma muestra, no se embala prenda.
Nota de alta: menor de 5 años quien ingresa de forma espontánea a IPS Sura Molinos, por hechos relatado el día y hora, se activa protocolo de abuso sexual, se brinda medidas de protección, se notifica a policía de infancia y adolescencia patrullero, se realiza examen físico completo, se toma muestra fundadas en protocolo , no se embala prendas dado que la paciente no la aporta en esta atención, no se da profilaxis post exposición dado tiempo de evolución de los hechos, no se da tratamiento dirigido dado resultados de laboratorios los cuales están en rango de normalidad,   se activa código de para valoración ambulatorio por psicología y psiquiatría, se realiza ficha de notificación sivigila, se entrega a representante legal () historia clínica para los procesos de continuidad pertinentes en estos casos. Queda pendiente entrega de. La paciente se encuentra en buenas condiciones generales, una vez se confirma medidas de protección por autoridades competentes se da alta.

MODULO DE COLUMNA

Trayectoria/intensidad/irradiación del dolor --- desencadenante/atenuantes --- inspección (escliosis/cifosis) --- alteración de la sensibilidad ---reflejos osteotendinosos y fuerza muscular ---lassague (lateralidad y grado) ---marcha, bipedestación en puntas y talones ---asimetría (hipotrofia o atrofia) --- arcos de movimientos de columna y cadera --- banderas rojas

Anexar en correo: reporte de ayudas diagnósticas, datos (número fíjo, celular, correa electrónico)

Inicio súbito o gradual, localización irradiación, escala visual análoga (EVA), cambios en la función urinaria o fecal, despiertan al paciente durante la noche, antecedentes de trauma, fiebre, pérdida de peso, historia de cáncer, que medicamentos usa el paciente y con qué frecuencia, preguntar cuánto tiempo puede estar sentado, cuánto tiempo puede estar de pie, si se puede arreglar y asear solo o si necesita ayuda, que distancia puede caminar sin síntomas, cómo está durmiendo en tiempo y calidad del sueño, si puede conducir vehículos, que tan alterada está la vida sexual por el problema, que tan alterada esta su vida social y la práctica de las cosas que le gustan como los deportes por ejemplo y finalmente preguntar si la patología está teniendo efectos nocivos a nivel laboral. dolor es radicular lo cual se refiere a que sigue unpatrón dermatómico bien definido. El dolor referido es de origen musculoesquelético y va por un esclerotoma y el dolor axial es central localizado en la columna y no irradiado -- esfuerzo físico cotidiano acompañado de un crack audible sospechar fractura patológica

NOTAS

Evolución: paciente en sala FT u observación quien ingresa por diagnóstico presuntivo de, se realiza tratamiento dirigido a, y se solicitan laboratorios los cuales reportan, Paciente en el momento con signos vitales en rango normal para sexo y edad con, de buen aspecto, sin facies de dolor, sin SDR, sin dolor abdominal, sin signos de irritación peritoneal, neurológicamente estable. Se considera.

Entrega de turno: se entrega paciente al Dr con diagnóstico de, pendiente, queda ubicado en.

Remisión: paciente con diagnóstico, remitido por, se entrega en estable condiciones generales para traslado a por personal de

Cefalea con características predominantemente de migraña: se inicia tratamiento dual de primera línea con Amitriptilina 25 mg tomar media tableta por 1 semana luego tomar 1 tableta al acostarse. Propanolol tab 40 mg tomar 1 tableta cada 12 horas.

TAC de cráneo simple para evaluar integridad intra y extraxial.

ASMA

Historia de IOT, ingreso a UCI, hospitalizaciones en año actual, crisis al año manejada en urgencias, frecuencia de uso de B2 adrenérgico.

Síntomas	Leve	moderado	Grave	Riesgo de paro
Disnea	Al caminar	Al hablar	En reposo	
Posición	Puede acostarse	Prefiere sentarse	Siempre sentado	
Habla de	Oraciones	Frases	Solo	

corrido			palabras	
Estado mental	Puede estar agitado	Suele estar agitado	Agitado	Confuso
Signos				
FR	Aumentada	Aumentada	30 rpm	
Uso de músculos accesorios	No	Común	Si	Movimiento paradójico toraco-abdominal
Pulso paradójico	Ausente	Presente 10-25mmhg	Presente + 25 mmhg	Ausencia por fatiga resp
Función				
FEP%	80%	50-80%	Menor 50%0 menor 100 l/m	
PaO2	Normal	46-55 mmhg* – 60 mmhg**	-/=45 mmhg*- menor 45** mmhg	
PaCO2	-35 mmhg* – 45 mmhg**	+/= 35 mmhg*. -/= 45 mmhg**	+/=35 mmhg* + 45 mmhg**	
SaO2	90%* mayor 95%**	85%-90%* 90%-95%**	-85%* - 90%**	

** Más de 1600 m sobre nivel del mar * nivel del mar

Crisis leve a moderada.

Oxígeno por cánula nasal en caso de saturación menor de 90% informar - Primera hora 2 puff cada 10 min por 1 hora – revalorar- segunda y tercera hora 2 puff cada 20 min – revalorar- Prednisolona oral 1 mg/kg máximo 50 mg

Severa: mnb salbutamol 10-20 gotas en 2-4 ml de ssn 0.9% cada 20 min por 1 hora - suspender via oral, lev 75% de los requerimientos/dia, Metilprednisolona 2 mg/kg/inicial seguido de 0.5-1 mg/kg/dosis cada 6 – 8 horas (hidrocortisona 200-400 mg iv) --- si no mejora bromuro de ipratropio mnb 20-40 gotas cada 20 min no mejora en 1 hora – sulfato de magnesio (paciente con exacerbación grave de asma que no responde a tto inicial) 2 gr iv pasar en 20 min. Observar 1-3 horas definir hospitalización.

Asma potencialmente mortal: antecedente de IOT o VM, hospitalización en último año a pesar de tto optimo, uso dosis alta de corticoesteroide inhalado, dosis excesiva de B2 agonista, academia respiratoria, historia de enfermedad pisquiatrica, historia de falta de adherencia al plan, alergia alimentaria.

Paciente con respuesta adecuada mejoría evidente con respecto al ingreso – Paciente con respuesta inadecuada sin deterioro de gravedad

EPOC

Criterios de Anthonisen: Tos que empeora en frecuencia o intensidad, esputo expectorado que aumenta en cantidad y/o cambia su aspecto, y/o empeoramiento de la disnea.

Tipo	Severidad	Característica
I	Severa	Presencia de los tres criterios.
II	Moderada	Presencia de dos criterios.

		Presencia de un criterio.
III	Leve	más tos, sibilancias, taquicardia, taquipnea, fiebre, etc

Tipo I: Debe recibir antibioticoterapia y debe hospitalizarse.
Tipo II: Debe recibir antibioticoterapia y hospitalizarse si se incluye el síntoma cardinal "incremento de la purulencia".
Tipo III: No requiere antibioticoterapia, se modifica terapia y se da manejo ambulatorio
Laboratorios: HLG, pcr, gases arteriales, rx de tórax y ECG.
Ventilación mecánica: estado mental deprimido, academia marcada o arritmia cardiaca.
Factores de riesgo:
Riesgo bajo: Gold 1o 2 (limitación del flujo leve a moderado) y/o 0 a 1 exacerbación por año
Riego alto: Gold 3 o 4 (limitación del flujo grave o muy grave) y/o 2 o mas exacerbaciones por año.
Edad mayor de 65 años, condición cardiaca comórbida, exacerbaciones 3 o más por año, tto atb en el último año (4 o más veces), aislamiento pseudomonas.
Elección de antibiótico: sin factores de riesgo ambulatorio macrólido (Azitromicina-claritromicina ó cefalosporina ó doxiciclina ó trimetropim sulfametoxazol) --- con factores de riesgo ambulatorio Fluoroquinolona moxifloxacino, levofloxacino ó amoxicilina clavulanato, ciprofloxacino en caso de riesgo por pseudomonas, manejo intrahospitalario con factores de riesgo para pseudomonas levofloxacino, iv/oral ó cefepime iv ó piperacilina tazobactam iv --- intrahospitalario sin factores de riesgo para pseudomona levofloxacino iv /oral ó moxifloxacino iv/oral ó ceftriaxona iv ó cefotaxime iv
Duración del tto entre 5-10 días.
NEUMONIA
Reanimación con metas en las primeras 6 horas, PVC 8-12 mmhg TAM mayor 65 mmhg, diuresis mayor de 0.5 cc/k/hora, saturación venosa mayor de 70%, lactato menor de 2.

SINDROME CORONARIO AGUDO

Clasificación killip y Kimbal

TIPO	CARACTERISTICAS	MORTALIDAD
I	No estertores no S3 (infarto no complicado)	5%
II	Estertores menor 50% y/o s3 (ICC moderada: estertores en bases pulmonares, galope por s3, taquicardia)	10%
III	Edema pulmonar (ICC con edema agudo de pulmón)	40%
IV	Shock	90%

Monitorizar
O2 suplementario si spo2 menor de 94%
Asa 300 mg vo
Clopidogrel 300-600 mg vo mantenimiento 75 mg/día

Atorvastatina 80 mg vo
Enoxaparina bolo 30 mg iv seguido de 1 mg/kg sc cada 12 horas (paciente menores de 75 años) --- 0,75 mg/kg máximo 75 mg sc (pacientes mayor de 75 años)
Nitroglicerina sublingual 5 mg cada 3-5 min hasta completar 3 dosis (no utilizar si la presión arterial sistólica es menor a 90 mmhg o FC menor 50 lpm)

ACCIDENTE VASCULAR CEREBRAL

Escala de NIHSS
Laboratorios: hemograma, tiempo de coagulación, glicemia, ECG, tac de cráneo urgente. Según el caso PIE, tóxicos y gases arteriales.

Posición en decúbito a 30° -- LEV ssn 0.9% 100 cc/hora ---Ranitidina 50 mg iv --- HTA (tratar solo si mayor 220/120 mmhg) IECA oral ó Labetalol iv bolo 5-20 mg iv (1 ampolla en 100 cc ssn 0.9% a 20 ml en 2 min) continuar con 0,5 mg/min (2 ampolla en 250 cc SG 5% a 30-120 cc/hora)

EXAMENES HEPATITIS.

Código	Nombre	Orden	Resultados
5005000	HEMOGRAMA POCT	9955-247512000	Ver
5005001	CREATININA POCT	9955-247512000	Ver
5005006	TRANSAMINASA GPT/ALT POCT	9955-247512000	Ver
5005007	TRANSAMINASA GOT/AST POCT	9955-247512000	Ver
5005010	BILIRRUBINA TOTAL POCT	9955-247512000	Ver
5005024	CINTILLA URINARIA POCT	9955-247512000	Ver
903866	TRANSAMINASA GLUTAMICOPIRUVICA O ALANINO AMINO TRANSFERASA [TGP-ALT]	9955-247513200	Ver
903867	TRANSAMINASA GLUTAMICO OXALACETICA O ASPARTATO AMINO TRANSFERASA [TGO-AST]	9955-247513200	Ver

907106	UROANALISIS CON SEDIMENTO Y DENSIDAD URINARIA	9955-247513200	Ver
906218	HEPATITIS A, ANTICUERPOS IG M [ANTI HVA-M]	9955-247518000	Ver
906225	HEPATITIS C, ANTICUERPO [ANTI-HVC]	9955-247518000	Ver
906317	HEPATITIS B, ANTIGENO DE SUPERFICIE [AG HBS]	9955-247518000	Ver
5005028	**TIEMPO DE PROTROMBINA [PT] POCT**	**9955-247518700**	Ver

REFERENCIAS BIBLIOGRÁFICAS

. Palomeque A, Cambra FJ, Alejandre C, et al. Guía terapéutica en intensivos pediátricos. 6.ª ed. Madrid: Ergón; 2015.

ACC/AHA Guidelines for the management of patients with acute myocardial infarction: a report of the American college of Cardiology/American Heard Association task force on Assessment of diagnostic and therapeutic Cardiovascular Procedures (Subcommittee to develop guidelines for the Early Management of Patients with acute myocardial infarction). Gunnar RM, Bourdillon PDV, Dixon DW, et al.Special Report. Circulation. 1990; 82: 6641-707. 2.

Álvarez Calatayud G, Arriola Pereda G, Arroba Basanta ML, et al. Chuletario de la Sociedad de Pediatría de Madrid y Castilla La Mancha. Madrid: Aries Innovación Gráfica; 2016.

American Academy of Pedriatrics and American Heart Association. Texto de Reanimación Avanzada Pediátrica. Editor: León Chameides. 1990. 3.

American Heart Association y la Fundación Interamericana del Corazón. Reanimación Cardiopulmonar Avanzada. Handbook. 2000. 4.

American Heart Association. Advanced Cardiac Life Support. Editor: Richard O. Cummins. 1994. 5.

Barranco Ruiz F., Blasco Morillo J. Principios de Urgencias, Emergencia y Cuidados Críticos. Editorial Alhulia. Sociedad Andaluza de Medicina Intensiva y Unidades Coronarias. 1999.

Calvo Macias, C. et al. Emergencias Pediátricas. Fundación EPES. Ediciones Ergon, S.A., Madrid, España. 1999.

Colectivo de Autores. Guías de Prácticas Clínicas. Terapia Intensiva Pediátrica. Editora Política. La Habana. Cuba. 2001

Colectivo de Autores. Protocolos de Asistencia Prehospitalaria al Paciente Politraumatizado. Urgencias Sanitarias de Galicia061, España. Aroprint, S. L. 1999.

Colegio Americano de Cirujanos. Curso Avanzado de Apoyo Vital en Trauma. Editor: Comité de Trauma y Subcomité del ATLAS. 1992.

Comité de Apoyo Vital Prehospitalario en Trauma de la NAEMT y Colegio Americano de Cirujanos. Apoyo Vital Prehospitalario en Trauma. Editor: NAEMT. 1992.

García Puga JM, Sánchez Ruiz-Cabello J. Guía rápida de dosificación práctica en pediatría. 3.ª. Madrid: Lúa Ediciones 3.0; 2015.

Guerrero-Fernández J, Cartón Sánchez AJ, Coral Barreda Bonis A, et al. Manual de diagnóstico y terapéutica en Pediatría. 6.ª ed. Madrid: Panamericana; 2017.

López-Herce Cid J, Calvo Rey C, Rey Galán C, et al. Manual de cuidados intensivos pediátricos. Nueva tabla de fármacos. 4.ª ed. Madrid: Publimed; 2013.

Pérez-Lescure Picarzo J, Crespo Marcos D, Bezanilla López C, et al. Guía rápida de urgencias en Pediatría. Madrid: Lúa Ediciones 3.0; 2017.

Villa Alcázar LF. Medimecum 2017. Guía de terapia farmacológica. 22.ª ed. España: Springer Healthcare; 2017.

Zabaleta Camino C. Fármacos más habituales en urgencias pediátricas y UCIP. En: Casado Flores J, Serrano González A (dirs.). Urgencias y tratamiento del niño grave. Síntomas guía, técnicas y cuidados intensivos. 3.ª ed. Madrid: Ergón; 2014. p. 1463-76.